Wer langsam geht, geht weit

PETER WILD

Wer langsam geht, geht weit

Alternativen zur Überholspur

SCHWABENVERLAG

www.schwabenverlag-online.de

Gestaltung: Finken & Bumiller, Stuttgart
Umschlagabbildungen: oben © CORBIS, unten PhotoCase.com
Gesamtherstellung: Schwabenverlag, Ostfildern
Printed in Germany

ISBN-10: 3-7966-1294-6
ISBN-13: 978-3-7966-1294-7

Inhalt

Geben oder nehmen Sie sich Zeit?

So richtig Zeit nimmt sich nur
wer keine mehr hat.
Wer Zeit genug hat
braucht sich keine zu nehmen.

FRANZ FASSBIND

Die meisten von uns leiden heute unter Zeitnot – Sie aller Wahrscheinlichkeit nach auch. Die einen erleben diese Zeitnot als Teil ihres täglichen Stresses. Sie wirkt bedrohlich und macht krank. Die andern haben sich mit ihr arrangiert. Sie zeigen sie möglicherweise sogar vor im Sinne eines Markenzeichens, eines Statussymbols. Dieser Zeitnot stellt sich heute verstärkt ein neues Bewusstsein entgegen: der Wille, wieder langsamer zu leben, die Sehnsucht zu verweilen, der Wunsch, in jedem einzelnen Augenblick achtsam zu leben. Manche sprechen von Entschleunigung, von einer notwendigen Gegenbewegung zur sich steigernden Hektik. – Mir persönlich liegt als »Schlüsselwort« nicht so sehr die Verlangsamung, sondern eher die Wiederentdeckung des eigenen Rhythmus. Diese Spannung – Hektik und Stress auf der einen Seite, Sehnsucht nach Zeit und einem langsameren Lebensrhythmus auf der anderen Seite – wird heute vielfach thematisiert: in Zeitschriften, Büchern, Radio- und Fernsehsendungen. Die einen Beiträge widmen sich mehr der Not und den gesundheitlichen Folgen, die andern den möglichen Auswegen und notwendigen Veränderungen. Wie auch immer: Auf beiden Seiten sind die Faktoren bekannt, sowohl die, die zum Stress führen, als auch die, die eine Verlangsamung möglich machen könnten.

Das Buch, das Sie in den Händen halten, ist dem neuen Bewusstsein verpflichtet. Es informiert Sie zwar auch über die Faktoren, die Hektik verursachen, aber vor allem über die Möglichkeiten, mit denen Sie allein und gemeinsam mit andern aus dieser Hektik aussteigen können. Es bietet Ihnen neben den Informationen Übungen, mit denen Sie die Lese-Einsichten vertiefen und sich aneignen können, sodass sie Ihnen im Alltag als neue Verhaltensweisen zur Verfügung stehen. Übungen: Dies bedeutet, dass Sie sich für das Buch mehr Zeit nehmen müssen, als eine Lektüre normalerweise fordert. Dieser Einsatz an Zeit wird sich auf Ihren Alltag positiv auswirken. Möglicherweise wird die Tatsache, dass Sie sich diese Zeit gönnen, bereits zum Ausgangspunkt der neuen Gestaltung Ihres Alltags.

Das Buch ist ein persönliches Buch. Es geht mir nicht darum, noch einmal ausführlich gesellschaftliche und wirtschaftliche Faktoren zu analysieren oder allgemeine Grundsätze zum Ausstieg aus der Hektik zu formulieren. Das ist ja bereits geschehen. Ich möchte vielmehr aufzeigen, was mir persönlich geholfen hat und hilft, in einem fordernden Berufsleben und mitten in den gesellschaftlichen Ansprüchen nicht unterzugehen. Deshalb werden Sie bei der Lektüre dieses Buches immer wieder, ausführlich, aber auch zwischen den Zeilen, auf die Bedeutung der Meditation stoßen. Denn meine Hilfe ist die Meditation. Und ich möchte sie auch Ihnen ans Herz legen. Ich bin überzeugt, dass sie Ihnen in der einen oder andern Form helfen kann. Wenn Sie bereits mit der Meditation vertraut sind, wird Sie das Buch in Ihrer Praxis bestärken und Ihnen die Zusammenhänge zwischen Meditation und Alltag verdeutlichen. Wenn dieses Buch für Sie der erste Kontakt mit der Meditation darstellt, werden Sie mit Hilfe der Übungen in eine grundlegende Meditationspraxis hineinfinden können, die Ihnen weiterhilft. Es wird aber sinnvoll sein, früher oder später durch den Besuch eines Meditationskurses das Erlernte zu vertiefen.

Damit das neue Bewusstsein, die Verlangsamung, die Wiederentdeckung des eigenen Rhythmus zustande kommt, ist es für die meisten Menschen zentral, dass sie – neben ihrem Beruf und ihrem partnerschaftlichen und familiären Engagement – Raum schaffen für das, was ihnen ganz persönlich Freude und Kraft schenkt. Ich komme in diese Freude und Kraft, wenn ich mich mit literarischen Werken, vor allem mit Gedichten, beschäftige und wenn ich am Wandern bin. Diese meine Zugänge werden zur Sprache kommen, aber nicht in dem Sinn, dass ich Sie auf dieselben Zugänge verpflichten will. Ich möchte Sie vielmehr anstecken, Ihre eigenen Wege zu entdecken. Das Buch soll also auch zu Ihrem persönlichen Buch werden.

Das als Motto zitierte kleine Gedicht von Franz Fassbind (1919–2003) zum Beispiel kenne ich seit mehr als zwanzig Jahren und ich habe es immer noch nicht ausgelotet. Es spielt zum einen mit der Mehrdeutigkeit des Wortes *nehmen:* verfügen, einsetzen – wegnehmen, stehlen, sich widerrechtlich aneignen. Es spielt zum andern mit der Mehrdeutigkeit des Begriffs der *Zeit:* Zeitspanne – Lebenszeit, Zeit im Gegensatz zur Ewigkeit. Das Gedicht klingt, als ob Franz Fassbind uns auf die Hintergründigkeit unserer Alltagssprache aufmerksam machen wollte, die über unseren Umgang mit der Zeit mehr weiß, als wir uns eingestehen.

Warum tun wir so, als ob wir uns die Zeit nehmen müssten, es ist doch Zeit genug da?

Was haben wir mit der Zeit angestellt, dass sie uns abhanden gekommen ist?

Den ersten Satz des Gedichts lese ich im Hinblick auf das Thema dieses Buches auch als Trost: Die Tatsache, dass wir alle – fast alle – keine Zeit mehr haben, kann in den Willen umschlagen, uns wieder richtig Zeit zu nehmen, wobei, wie gesagt, das Nehmen nicht notwendig ist ... oder vielleicht doch?

Der Ausstieg aus der Spirale der Hektik ist für mich ein spirituelles Geschehen. Spirituell insofern, als er eine Entscheidung für das Leben darstellt, spirituell aber auch deshalb, weil wir in diesem befreienden Schritt eine Kraft wahrnehmen können, die größer und umfassender ist als unser eigenes Bemühen, eine Kraft, die unserem Vertrauen entgegenkommt.

Dieses Buch kann Ihnen nützlich sein, wenn Sie zu jenen Männern und Frauen gehören,

- die sich mitten in einem packenden Berufs- und Familienalltag eingestehen müssen, dass sie sich selbst allmählich abhanden kommen, und diesen Selbstverlust nicht einfach hinnehmen
- die nach einer Krise, nach einem gesundheitlichen Einbruch,

nach einer erzwungenen oder gesuchten Aus-Zeit ihren Neuanfang bewusst gestalten

→ die den Wunsch haben, eine therapeutisch begleitete Lebensphase auch spirituell zu vertiefen

→ die im Sinne einer Prophylaxe rechtzeitig eine Neuorientierung anstreben und beginnen, die Gewichte in ihrem Alltag neu zu verteilen.

Mit Ihnen allen teile ich gerne meine Erfahrungen. Es sind Erfahrungen, die wiederum andere mit mir geteilt haben. Erwähnen möchte ich, stellvertretend für die vielen Gespräche, in denen ich von den Erfahrungen anderer profitierte, zwei Freunde, Christoph Walser und Göpf Hasenfratz, und meine Frau Regula Wild. Der Austausch und die Zusammenarbeit mit ihnen sind wichtige Quellen meines Buches.

Wangen an der Aare, Mai 2006
Peter Wild

Ein Morgen in Selbstbestimmung

Ungewollt
aus Versehen nur
hineingestolpert
in die morgendliche
Singstunde
der Holunderblüten
WERNER LUTZ

Stellen Sie sich vor: Sie erwachen in Ihrem Bett, in Ihrer gewohnten Umgebung. Anhand der schwachen Helligkeit, die in Ihr Zimmer dringt, sehen oder ahnen Sie, dass es bald Tag wird. In einigen Minuten wird Ihr Wecker klingeln. Sie genießen die letzten Minuten im Bett ganz bewusst und erspüren, wie sich Ihr durch den Schlaf erholter und regenerierter Körper anfühlt. Und Sie lassen die zwei, drei Augenblicke des kommenden Tages, auf die Sie sich am meisten freuen, vor Ihrem inneren Auge lebendig werden. Vielleicht ist es eine Begegnung in Ihrem Berufsalltag, die Ihnen wichtig ist, eine Arbeit, der Sie sich über Wochen gewidmet haben und die Sie heute abschließen können, oder eine Arbeit, die Sie heute beginnen und die Sie über Wochen beschäftigen wird, vielleicht das Zusammensein mit Ihrem Partner oder Ihrer Partnerin, die Zeit, die Sie für Ihr Kind aufbringen können oder müssen, eine Melodie, die Ihnen nachläuft und die Sie auch gar nicht loswerden möchten, ein Film, der in Ihrem Freundeskreis diskutiert und empfohlen worden ist. Vielleicht ... Und Sie werden den Eindruck nicht los, dass an diesem Morgen durch das Fenster nicht nur das Licht dringt, sondern auch ein Geruch, der Ihnen nicht vertraut ist. Sie verlassen das Bett und stellen sich unter das Fenster, ganz Nase. Während Sie Ihre »Nase in den Wind halten«, entdecken Sie mehrere Geräusche, von der Straße, aus den umliegenden Gärten. Die meisten können Sie einordnen. Nur den einen Vogel glauben Sie noch nie gehört zu haben. Sie merken sich seine Tonfolge, pfeifen sie nach, weil sie Ihnen gefällt.

Unter der Dusche singen Sie Ihren alten Schlager – die andern, die mit Ihnen die Wohnung teilen, erwarten ihn; er gilt als Signal dafür, dass Sie auf den Beinen sind und das Leben in der Familie mit seinen morgendlichen Ritualen einsetzt. Vermutlich fällt es außer Ihnen niemandem auf, dass Sie den Refrain des Schlagers mit den Vogeltönen bereichern. Nach der Dusche nehmen Sie sich Zeit für Ihre sogenannte Lektüre. Sie ziehen sich in die Ostecke des kleinen Balkons zurück, richten sich im Sessel ein, lesen noch einmal den kurzen Text, der Sie gestern durch den Tag begleitet hat, lassen den Tag in Ihrer Erinnerung vorbeigleiten, nehmen wahr, wie diese Sätze über die Zuversicht Sie gestern bestimmt haben. Sie möchten nicht weiterlesen, der Text taugt auch für den neuen Tag. Sie verweilen in der Stimmung, die das Wort Zuversicht in Ihnen auslöst, und integrieren alles, was Ihnen im Augenblick auffällt und zufällt, in die Zuversicht: die Geräusche aus der Wohnung und der Nachbarschaft, den Atem, den Gesang der Vögel, die Topfpflanzen in der andern Balkonecke, den Brötchenduft aus der Bäckerei, den Atem, den Nachbarn, der bereits zur Arbeit fährt. Mit der Zeit gewinnen Sie den Eindruck, die Zuversicht würde Sie durchdringen, würde Ihr Element, Ihr Atem. Sie hören vom nahen Kirchturm die Glockenschläge, die Ihnen signalisieren, dass es nun Zeit ist, sich den andern in der Küche bei der Vorbereitung des Frühstücks anzuschließen und sich Schritt für Schritt den Verpflichtungen des neuen Tages zu stellen. – Wie beginnen Sie den Tag wirklich?

Die Kunst zu beginnen

Tatsache ist: Der Tagesanfang kann ganz unterschiedlich aussehen. Die Lebenssituation, ob wir allein, in einer Familie oder in einer Gemeinschaft leben, der Beruf und der Arbeitsweg, die Wohnverhältnisse, die Verpflichtungen, die wir andern gegen-

über haben – diese Faktoren und andere mehr bestimmen darüber, wann und wie wir aus dem Bett kommen.
Viele machen den Tagesanfang ganz von ihrem Berufsalltag abhängig. Sie rechnen vom zeitlich festgelegten Arbeitsbeginn an zurück: Wie viel Zeit müssen Sie für den Weg einplanen, damit Sie rechtzeitig am Arbeitsplatz erscheinen? Muss für die Fahrstrecke noch eine Sicherheitsspanne vorgesehen werden? Ist es sinnvoll, sich unterwegs noch eine Tasse Kaffee oder Tee zu gönnen, oder wollen Sie sich sogar den Luxus leisten, zu Hause zu frühstücken? Wie viel Zeit braucht es für die Morgentoilette und die Kleider, für die Bereitstellung der Unterlagen und Materialien, die mit zum Arbeitsplatz gelangen müssen?
Die Zeit vom Bett an den Arbeitsplatz wird möglichst knapp berechnet und der Wecker entsprechend eingestellt. Mit anderen Worten: Die Hektik ist vorprogrammiert, die kleinste Verhinderung der eingespielten Routine wird als alarmierende Störung erlebt. Und die Frauen und Männer, die sich ganz oder teilweise der Hausarbeit widmen, geraten, mitbestimmt durch den Arbeitsrhythmus ihres Partners oder ihrer Partnerin und den Schulrhythmus ihrer Kinder, in eine ähnliche Hektik. Wenn dann alle aus dem Haus sind, meldet sich die erste Erschöpfung oder zumindest der erste Ärger über einen solchen Beginn.

Selbstbestimmt in den Morgen

Diese Art, in den Tag einzusteigen, tut nicht gut. Abgesehen von der Hektik und von der Spannung, ob das zeitlich fixierte Programm störungsfrei durchgezogen werden kann, ist vor allem die Tatsache schädlich, dass wir vom ersten Augenblick an durch von außen vorgegebene Rhythmen bestimmt werden. Es ist, als ob wir nicht in den uns bestimmten und von uns bestimmten Tag erwachen würden.
Was tut mir jetzt gut? Womit möchte ich beginnen? Was liegt mir an diesem Tag? Was gibt dem Tag ein eigenes Gesicht? – Müsste unser Tagesbeginn nicht mit solchen Fragen verbunden sein?
Ich stecke selbst in einem Berufsleben, das geprägt ist durch festgelegte Termine und seit Monaten getroffene Absprachen und Rhythmen, in die ich mich einzufügen habe. Ich betrachte den Tagesbeginn realistisch, denn auch ich mag die Zeit im Bett. Ich

meine nicht, dass wir dem Berufsalltag beziehungsweise unseren Verpflichtungen noch ein stundenlanges Eigenprogramm voranzustellen haben. Was ich aus eigener Erfahrung aber empfehle, ist ein selbstbestimmter Anfang: Das kann ein kurzer oder längerer Augenblick des Innehaltens sein, ein bewusstes Ankommen im Tag, die Gestaltung der ersten Minuten. Wichtig ist, dass dieser erste Augenblick uns entspricht und von uns gewählt worden ist. Es ist unser Tagesanfang.

▲ MORGENVARIANTEN

Nehmen Sie sich im Laufe der nächsten Tage zwei Stunden Zeit. Sie brauchen für die Übung mehrere Blätter (oder Seiten in Ihrem Tagebuch oder in einem Heft, in dem Sie sich gerne wichtige Dinge notieren) und Schreibstifte. Selbstverständlich können Sie sich für die Übung auch an Ihren Computer setzen. Lassen Sie sich während der Übung nicht stören, auch nicht durch einen Anruf.

Es geht darum, dass Sie sich Ihre Art und Weise, den Tag zu beginnen, bewusst machen. Dabei werden ein realer und ein idealer Ablauf der ersten zwei bis drei Stunden des Tages jeweils einander gegenübergestellt. Lassen Sie beide auf sich wirken! Lassen Sie sich anschließend von beiden inspirieren, wie eine mögliche Neugestaltung des Tagesbeginns ausschauen könnte. Finden Sie durch den Vergleich der realen mit der idealen Struktur die jetzt notwendigen und machbaren Veränderungen heraus.

Arbeitstag – real: Halten Sie fest, vielleicht in einem Viertelstundenraster, wie die ersten zwei bis drei Stunden eines Arbeitstages bei Ihnen im Normalfall strukturiert sind.
Arbeitstag – ideal: Lassen Sie sich auf die Sehnsüchte und Verärgerungen ein, die bei Ihnen während eines Arbeitstages immer wieder aufkommen können. Stellen Sie sich vor, wie ein Arbeitstag im Idealfall – so, dass er Ihnen wirklich entspricht – eingeteilt sein müsste und welcher morgendliche Start ihm vorangehen sollte. Halten Sie diesen Start, wiederum im Raster von Viertelstunden, fest.

Arbeitstag – neu: Welche Veränderungen möchten Sie vornehmen, welche Veränderungen sind realistisch in der Neugestaltung Ihres Tagesbeginns?

Sonntag/freier Tag – real: Gehen Sie wieder ähnlich vor, nur handelt es sich diesmal um einen von der Berufsarbeit freien Tag. Halten Sie vorerst den Normalfall fest.
Sonntag/freier Tag – ideal: Widmen Sie sich dann dem idealen Sonntag bzw. dem Anfang eines idealen freien Tages.
Sonntag/freier Tag – neu: Welche Veränderungen möchten Sie vornehmen, welche Veränderungen sind realistisch in der Neugestaltung Ihres Tagesbeginns?

Es kann wertvoll sein, im Nachhinein die Übung, vor allem die in den Blick genommenen Veränderungen, mit einer Person zu besprechen, die Sie gut kennt.

Morgenkostbarkeiten

Die Palette, wie der Tagesanfang bewusst gestaltet werden kann, ist groß. Es gibt Personen, denen zu Beginn des Tages die Toilette sehr wichtig ist. Sie genießen das Wasser der Dusche oder des Bades. Sie pflegen ihren Körper. Sie erleben diese Augenblicke als eine Zeit der Vitalisierung und der Verwöhnung. Sie verweilen bei sich; sie bereiten sich in dieser Zeit vor, dem Tag standzuhalten. Andere brauchen Bewegung. Sie widmen sich einem Bewegungsprogramm zu Hause (Tai Chi, Yoga, Tanz) oder joggen im Freien. Durch den Rhythmus der Bewegung kommen sie bei sich selbst an, erleben sich in einer körperlichen Intensität, die ihnen Sicherheit schenkt.
Sehr verschieden sind die Menschen hinsichtlich ihres morgendlichen Bedürfnisses nach Gespräch. Während die einen bereits kontaktfähig und gesprächsinteressiert erwachen, brauchen andere eine lange Anlaufzeit, bis sie wahrnehmen können, dass ganz nahe bei ihnen noch jemand den Tag beginnt, sie vielleicht schon angesprochen hat und auf den Austausch wartet …
Apropos Schweigsamkeit: Ich erinnere mich an ein Männerseminar in Poschiavo, das ich gemeinsam mit Christoph Walser leitete. Wir schlugen den Männern vor – als Intensivierung des

Alleinseins und der inneren Suche –, sowohl den Abend, die Zeit nach dem gemeinsamen Programm, als auch den Morgen, eine kurze Einheit von Körperarbeit und Meditation, das gemeinsame Frühstück und den persönlichen Freiraum bis zum Beginn der Vormittagseinheit um neun Uhr im Schweigen zu verbringen. Wir erwarteten einen Protest oder zumindest ein vorsichtiges Knurren. Aber die Männer akzeptierten unseren Vorschlag und widmeten sich dem Schweigen. Die Auswertungsrunde am Ende des Seminars ergab, dass alle es sehr geschätzt hatten, den Tag im Schweigen beginnen zu können, ungestört, ohne den Druck, auf jemand anderen eingehen zu müssen.
Hatten wir nun Morgenmuffel gefördert oder diese Männer in etwas unterstützt, was ihnen zu Hause möglicherweise übel genommen wurde, obwohl es vielleicht ihrem Wesen entsprach? Mir persönlich ist wichtig geworden, dass ich am Morgen Raum für die Meditation habe. Wenn es irgendwie möglich ist, ziehe ich mich nach der Dusche dafür zurück. Falls dies aus irgendeinem Grund nicht möglich ist, versuche ich die Meditation im Laufe des Tages möglichst bald nachzuholen, sei es nach dem Frühstück, sei es in der Bahn, wenn ich von meinem Wohnort nach Zürich oder in ein Seminarzentrum fahre. Diese morgendliche Zeitspanne der bewussten Sammlung erlebe ich als Zeit einer großen Präsenz, als eine Zeit für mich – bevor dann all die andern Verpflichtungen an mich herantreten.
Zu meinem Tagesbeginn gehört, wenn ich zu Hause bin, auch die sorgfältige Zubereitung des Frühstücks. Die Flocken, die Früchte, die Joghurts, die Säfte, die Tees, die Medikamente, die Sonderwünsche der Einzelnen, die Düfte, die allmählich die Küche erfüllen ... Für mich hat die Zubereitung des Frühstücks den Charakter eines Rituals bekommen. Ich liebe es, die Früchte in die Hände zu nehmen, mundgerecht zu schneiden, in die einzelnen Schalen zu verteilen, sie so zuzubereiten, dass es für jeden das gewohnte Müsli wird, aber auch der eine und andere überraschende Frucht-Akzent seinen Platz hat.
An den Tagen, an denen ich wegfahre, achte ich zudem darauf, dass ich mich in der Bahn nicht gleich in die Arbeit stürze. Es gibt Tage, da lässt sich dies nicht vermeiden: Sitzungen müssen vorbereitet, Seminarabläufe memoriert, kommende Gesprächs-

partner innerlich vergegenwärtigt, Termine telefonisch geklärt werden. Aber wenn es irgendwie machbar ist, lese ich: ein Buch, das mich interessiert und über mehrere Tage, vielleicht sogar Wochen begleitet. Auch wenn mein Arbeitstag zu Hause stattfindet, erlaube ich mir eine Lesezeit.

Alle Beispiele, die ich angeführt habe, meine eigenen Versuche, den Tag zu beginnen, und die Versuche anderer Menschen, habe ich nicht als Kopiervorlagen beschrieben. Wichtig an ihnen ist nur, dass der Tagesbeginn durch ein selbstbestimmtes Element geprägt wird. Wie dieses Element aussieht, muss jede Person für sich selbst entdecken. Dieses Element kann sich im Laufe der Zeit auch verändern, es kann sich ausdehnen oder kürzer werden. Es kann zudem im Rhythmus der Wochentage ein anderes Gesicht bekommen. Das heißt: Auch jemand, der den Sonntag nicht oder nicht mehr feiert, zeichnet zu seinem eigenen Vorteil den einen oder anderen Tag besonders aus und diese Auszeichnung darf schon am Morgen einsetzen.

Wer langsam geht …

STANDPUNKTE

→ Stehen Sie! Stehen Sie?

→ Lassen Sie sich Ihre beiden Fußsohlen bewusst werden. Nehmen Sie wahr, wie sich Ihr Gewicht auf den beiden Fußsohlen verteilt, wie Sie Ihr Gewicht über die Fußsohlen an den Boden abgeben.

Falls Sie Schuhe tragen, nehmen Sie zudem wahr, wie Ihre Schuhe – störend oder hilfreich – an dieser Weitergabe des Gewichts an den Boden beteiligt sind, Ihre Füße auffangen und unterstützen oder aber Ihre Füße einengen und in ihrer Aufgabe behindern.

→ Stehen Sie fest und doch leicht – als ob Sie stundenlang zu stehen hätten.

→ Lassen Sie in Ihrem Bewusstsein eine Verbindung entstehen zwischen Ihren Füßen, Ihren Beinen und Ihrem Becken. Achten Sie vor allem auf die Gelenke. Probieren Sie aus, welchen Grad von Spannung bzw. Entspannung in Ihren Füßen und Beinen nötig ist, damit Sie gut stehen.

→ Sie könnten selbstverständlich ins Gehen übergehen, aber

lassen Sie sich Zeit. Es ist so eine Sache mit dem ersten Schritt! Verweilen Sie noch in der Zeit vor dem ersten Schritt: Alles ist schon vorbereitet, aber Ihnen genügt das Stehen, bewusst auf beiden Füßen, fest und doch leicht.

Wiederholen Sie diese Übung mehrmals und nehmen Sie sich immer länger dafür Zeit, vielleicht bis zu 15 Minuten.

Dem eigenen Rhythmus auf der Spur

Es ist mir bewusst, das meine Beschreibung des Tagesbeginns für Personen, die am Morgen nur schwer auf die Beine kommen, die erst in der zweiten Tageshälfte zu leben beginnen und ihre Hauptaktivität gegen Abend entfalten, schrecklich klingen muss. An sie habe ich die Bitte, den eigenen Rhythmus unbedingt zu respektieren. Es ist entscheidend, dass wir herausfinden, zu welchen Tageszeiten wir am meisten belastbar und am leichtesten produktiv sind und zu welchen Tageszeiten wenig mit uns anzufangen ist und wir uns am besten eine Pause gönnen.

Aber auch wenn jemand ein Abendmensch ist: Irgendwann wird er oder sie aufstehen und den Tag beginnen und da ist es wichtig, den Beginn nach dem eigenen Geschmack zu gestalten. Es ist kein großes Geheimnis, sondern einsichtig: Die Gestaltung des Morgens beginnt am Abend. Wenn ich zu spät ins Bett komme, wenn ich zu wenig schlafe, wenn ich mich in den Abendstunden noch zu stark fordere, kann ich am Morgen nicht mit meinen Kräften rechnen. Dann ist mein Tagesbeginn vom Vortag oder von der Nacht geprägt. Was ich aus dem Tagesbeginn machen möchte, erhält dann gar keinen Raum.

Von einem freiberuflich tätigen Freund weiß ich, dass ihm die bewusste Gestaltung des Tagesbeginns erst gelang, als er sich als »Tagesdesigner« betrachtete. Mit diesem Titel gab er sich die Erlaubnis, die verschiedenen Phasen seines Alltags als künstlerisches Material zu betrachten, das er kreativ neu anordnen und gestalten, mit dem er experimentieren konnte, bis er den Eindruck hatte, dass ihm das Tagesmodell nun entsprach.

Kreativität: Lösen wir uns von der Vorstellung, dass alles so sein muss, wie es sich in den letzten Wochen, Monaten, Jahren eingespielt hat, dass es nicht anders geht, dass wir unserem Partner, unserer Partnerin keine Veränderung zumuten dürfen. Oft ermutigt eine Veränderung, mit der wir selbst an Lebensqualität gewinnen, auch die Menschen unserer nächsten Umgebung, nach befreienden Veränderungen Ausschau zu halten.

Erwachen

Den Tagesbeginn gestalten – ich habe die Befürchtung, dass die Vorschläge auf den vorhergehenden Seiten die Lust auf eine Neugestaltung zwar ausgelöst haben, diese aber darin besteht, dass jetzt noch zusätzliche Elemente in den Morgen hineingepfercht und auch noch absolviert werden. Dadurch wird die morgendliche Hektik noch größer und die Neugestaltung führt nicht zur Verlangsamung. Das Ziel jedoch sollte eine Verlangsamung sein. Vielleicht besteht die Neugestaltung eher darin, dass jemand etwas früher als gewohnt aufsteht und versucht, das eine und andere Element des bisherigen Tagesbeginns wegzulassen. Auf was kann verzichtet werden? Welches andere Element kann in der neu gewonnenen Zeit vertieft und bewusster gelebt werden? Wie kann der Morgen einfacher werden?
Ich habe bereits von meiner Meditation möglichst früh am Morgen erzählt. Zeit für die Meditation zu haben, bedeutet für mich, mich schon am Morgen auf etwas ganz Wesentliches zu sammeln: bei mir zu sein und mich auf den Sinn des Tages einzupendeln. Diese Sammlung hat zur Folge, dass andere Momente, die auch zu meinem Tag gehören, an Bedeutung verlieren, möglicherweise sogar weggelassen werden können, ohne dass ich etwas verliere. Durch eine solche Gewichtung wird der Tag einfacher.
Vereinfachung und Verlangsamung sollten zusammenspielen, nur dann kann eine Neugestaltung gelingen und zu jener Offenheit der Wahrnehmung führen, die den Tagesbeginn wertvoll macht und die auch im staunenden Gedicht des Dichters und Malers Werner Lutz (*1930) aufklingt, das ich zu Beginn des Kapitels angeführt habe.

Meditation

VOM ATEM BESTIMMT

→ Nehmen Sie sich 20 bis 30 Minuten Zeit. Achten Sie darauf, dass Sie in dieser Zeit nicht gestört werden.

→ Richten Sie sich in einer Meditationshaltung ein, die Ihnen körperlich zugänglich ist. Achten Sie darauf, dass Ihr Rücken gut aufgerichtet, aber nicht verspannt ist.

→ Lassen Sie sich zur Ruhe kommen, indem Sie Ihre Aufmerksamkeit auf den Körper lenken, auf die Sitzhaltung, die Sie eingenommen haben.
Es gibt Körperstellen, die die Aufmerksamkeit anziehen, z. B. Stellen, an denen Sie sich wohlfühlen, aber auch Stellen, die schmerzen.
Lassen Sie sich die Körperstellen bewusst werden, die Ihre Aufmerksamkeit anziehen, und ausgehend von diesen Stellen dehnen Sie Ihr Bewusstsein auf den ganzen Körper aus.
Günstig für einen solchen Einstieg sind auch die Handflächen, die Fußsohlen, das Gesicht, die Bauchdecke.

→ Lenken Sie die Aufmerksamkeit dann stärker auf die Wahrnehmung der Atmung: Im Bereich der Atmungsorgane können Sie das Vorbeistreichen der Atemluft und im Rumpf die feinen Bewegungen des Körpers im Atemrhythmus wahrnehmen.
Überlassen Sie sich der Wahrnehmung dieser feinen und feinsten Bewegungen, ohne den Atem kontrollieren zu wollen.

→ Schaffen Sie innerlich eine Verbindung zum Atem: Er ist ein Lebensrhythmus, eine Lebenskraft, ohne Unterbrechung begleitet er Sie.
Falls sich diese Verbundenheit mit dem Atem spontan in inneren Worten oder Bildern ausdrückt, lassen Sie sie zu.
Gehen Sie aber nicht auf die Suche nach solchen Worten oder Bildern. Eine wort- und bildlose Aufmerksamkeit kann ebenso intensiv sein.

→ Falls Sie diese Meditation am Morgen vollziehen, machen Sie sich bewusst, dass der Atem Sie durch die Nacht bewegt hat und Sie jetzt durch den Tag begleitet.

→ Schließen Sie die Meditation ab, indem Sie mit einer Geste oder Bewegung Ihrer Hände und Arme Ihre Verbundenheit mit dem Atem zum Ausdruck bringen.

Selbst vorkommen

Man sollte sich jeden Tag mindestens einmal verlieben, in einen Menschen, einen schönen Baum, in eine Farbe oder die Anmut einer Katze. Ich wenigstens tue das und fühle mich sehr wohl dabei.

ERNST PENZOLDT

Ich erinnere mich an einen Flug nach Wien. Normalerweise ziehe ich die Bahn vor. Aber diesmal war vor und nach dem Seminar der zeitliche Spielraum so knapp, dass ich mich für den Flug entschieden hatte. Das Flugzeug startete in Zürich am frühen Abend, es war etwa zu zwei Dritteln besetzt. Ich hatte einen Fensterplatz und genoss das Licht des Maiabends. Solange wir über der Schweiz flogen, war die Landschaft unter uns noch klar zu sehen. Später setzte die Dämmerung ein und es entfaltete sich eine fremd anmutende Landschaft: Zu sehen waren in den Bergen noch kleinere und größere Schneefelder, die den warmen Frühlingstagen standgehalten hatten, dann die Lichter der Ortschaften und Städte und am westlichen Horizont die Rot- und Violettschichten eines festlichen Sonnenuntergangs. Eine Licht- und Farbmischung, die ich mir nie hätte ausdenken können, die ich als einmalig in mich aufnahm. Eigentlich eher: die sich mir als einmalig aufdrängte; ich konnte gar nicht anders, als sie in mich aufzunehmen.

Der Platz neben mir war nicht besetzt – er war mit Akten belegt – und auf dem übernächsten Platz saß eine Geschäftsfrau, den Laptop vor sich auf dem Tischchen, ihre Linke suchte in den Akten nach bestimmten Angaben, ihre Rechte tippte sie ein oder drehte an einem halbleeren Kaffeebecher. Ihr konnte ich nicht erzählen, was sich draußen abspielte. Sie war zu beschäftigt. Als ich mich im Flugzeug umsah, stellte ich mit Schrecken fest, dass allem Anschein nach die ganze Landschaft und das ganze Lichterspiel nur für mich aufgeführt wurden ... Hier im Flugzeug wurde bis zur letzten Minute seriös gearbeitet, bis auf ein paar Ausnahmen, die erschöpft in den Sesseln schliefen.

Die Spirale der Hektik

Heute, aus der zeitlichen Distanz von einem Jahr kann ich über die Atmosphäre im Flugzeug lachen, damals erfasste mich Trauer. Diese Passagiere – ich gehe davon aus, dass fast alle beruflich unterwegs waren, in Zürich oder in einer anderen Stadt an Sitzungen und Verhandlungen teilgenommen hatten und nun auf dem Rückweg die Zeit noch nutzen wollten – hatten den Flug verplant. Während des Fluges etwas einmalig Schönes wahrzunehmen, war nicht eingeplant. Das war, wenn überhaupt, für den späteren Abend zu Hause vorgesehen. Wenn sie Glück hatten, brachte das Fernsehen, etwa im Rahmen der aktuellen Tagesberichte, einen Hinweis auf den Sonnenuntergang – da im Moment keine Katastrophenbilder aufzutreiben waren. Oder sie stießen auf einen Spielfilm, der aus Gründen der Inszenierung einen Sonnenuntergang eingebaut hatte. Und bei seinem Anblick fragten sie sich, ob er nicht im Studio künstlich produziert worden war, denn einen solchen Sonnenuntergang hatten sie schon seit Jahren nicht mehr gesehen ...

Der Berufsalltag kann Männer und Frauen zu einem erstaunlichen Arbeitstempo auffahren lassen. Wie intensiv und vom Stress geprägt dieses Tempo ist, wird den meisten nur an den Ferienrändern bewusst: Sie brauchen zu Beginn der Ferien mehrere Tage, um das Tempo herunterzufahren. Und wenn sie nach den Ferien wieder in den Arbeitsprozess einsteigen, haben sie den Eindruck, sich weit unter ihrem gewohnten Niveau zu bewegen. Sie schaffen in den ersten Arbeitstagen nicht die Hälfte ihres üblichen Arbeitspensums. Ein so überhöhtes Arbeitstempo kann durchaus Spaß bereiten: Man oder frau hat den Überblick, arbeitet effizient und erlangt Anerkennung. Der Spaß verdankt sich auch dem Noradrenalin, das unter dem Druck der hohen Anfor-

derungen von der Nebenniere produziert und gemeinsam mit dem Adrenalin ins Blut ausgeschüttet wird.
Doch unser Körper hält eine solche Belastung nicht allzu lange durch. Brigitte Röthlein fasst die Stressfolgen lakonisch kurz zusammen:

»Dauerstress hat eine Vielzahl negativer gesundheitlicher Auswirkungen. Man kann sich nicht mehr richtig konzentrieren, ist ständig mit den Gedanken bei seinen Problemen und kann nachts nicht mehr richtig schlafen. Viele leiden dann auch an Alpträumen. Die Muskeln des Körpers entspannen sich nie mehr richtig, sondern bauen nach und nach schmerzhafte Verspannungen auf, vor allem im Schulter- und Rückenbereich. Vielfach entstehen dadurch auch starke Kopfschmerzen, bis hin zur Migräne. Auch andere psychosomatische Leiden – von Impotenz bis zu Verdauungsstörungen – sind vielfach stressbedingt. Menschen, die sich ständig unter Druck fühlen, können auch nicht mehr locker, fröhlich und optimistisch sein, sondern leiden zunehmend unter Ängsten, Nervosität, Unsicherheit und Unzufriedenheit.«[1]

Ein zusätzlicher Spannungsfaktor kommt hinzu, weil das hohe Arbeitstempo im Normalfall ja nicht in einem Wechsel mit Zeiten der Entspannung steht. Im Gegenteil: Oft wird ein hohes Arbeitstempo durch eine zusätzliche Steigerung »belohnt«. Wer arbeitet, steht meistens in einem Wettbewerbsverhältnis, vergleicht sich, gewollt oder ungewollt, mit anderen und will nicht zurückfallen. Es kann in bestimmten Betrieben sogar zum guten Ton werden, bis zur Erschöpfung zu arbeiten und keine Zeit zu haben.
In einer bedenklichen Situation stehen oft junge Familien, die, modern und aufgeschlossen eingestellt, sich so organisieren, dass sich beide, Mann und Frau, sowohl beruflich als auch in den familiären Verpflichtungen zu Hause engagieren. Beide bringen eine gute Ausbildung und damit auch berufliche Ambitionen mit. Beide stehen in einem Teilzeitjob in Konkurrenz zu anderen, die sich ausschließlich dem Beruf widmen. Um Karrierechancen wahrnehmen zu können, belasten sie ihre Teilzeitstelle

mit dem Gewicht einer ganzen Stelle und die Verpflichtungen zu Hause, den Kindern, dem Partner oder der Partnerin gegenüber, werden auch nicht kleiner. Das Debakel ist vorprogrammiert, trotz des guten Willens auf beiden Seiten!
Bereits Kinder und Jugendliche werden heute von dieser Spirale der Hektik und des Stresses erfasst. Oft gibt es neben dem Schulprogramm ein zusätzliches Freizeitprogramm: Aufgaben für die Schule, Lernhilfen im Hinblick auf Prüfungen und den Übertritt in die nächsthöhere Klasse, Musikunterricht, Sportunterricht, Trainingszeiten, Frühförderung spezieller Talente, Partys mit anderen Kindern, später mit Kolleginnen und Kollegen, Besuch von Szenelokalen und Konzerten ... Und von den Eltern bekommen die Kinder und Jugendlichen vorgelebt, dass die Klage über Zeitnot, die Übermüdung und Erschöpfung, die Unfähigkeit, sich auf etwas oder auf jemanden wirklich einzulassen, längst zu Statussymbolen geworden sind.

▲ ZEITBILDER

Haben Sie sich schon einmal bewusst gemacht, wie Sie die Zeit erleben? Ist für Sie Zeit etwas, was einfach zur Verfügung steht, was entsteht, wenn und indem Sie es (ver)brauchen? Ist Zeit für Sie – aus welchem Grund auch immer – zu einem kostbaren Schatz geworden? Liegt die Zeit stets vor Ihnen und Sie eilen auf die Zeit zu? Oder hatten Sie früher noch Zeit, aber jetzt keine mehr?

Im Märchen-Roman *Momo* von Michael Ende (1929–1995) geht es um die Erfahrung der Zeit. Die Menschen haben keinen Sinn mehr für den Wert der Zeit; sie lassen sie sich stehlen. Michael Ende lässt die Hauptfigur Momo auf ihrer Suche nach den Strategien, mit denen sie den Zeitdieben das Handwerk legen, mit denen sie aber auch den Menschen die Zeiterfahrung wieder nahebringen könnte, zu Meister Hora kommen. Meister Hora führt Momo in einen Kuppelraum, wo sie die Zeit sehen und hören kann. Als eine einmalige Blume taucht jeder Augenblick aus einem dunklen Teich auf. Und es hört sich an, als ob eine Klangsäule diese Blume aus dem Teich hervorzauberte.

»Es war eine Blüte von solcher Herrlichkeit, wie Momo noch nie zuvor eine gesehen hatte. Sie schien aus nichts als leuchtenden Farben zu bestehen. Momo hatte nie geahnt, dass es diese Farben überhaupt gab. Das Sternenpendel hielt eine Weile über der Blüte an, und Momo versank ganz und gar in den Anblick und vergaß alles um sich her. Der Duft allein schien ihr wie etwas, wonach sie sich immer gesehnt hatte, ohne zu wissen, was es war.
Doch dann schwang das Pendel langsam, langsam wieder zurück. Und während es sich ganz allmählich entfernte, gewahrte Momo zu ihrer Bestürzung, dass die herrliche Blüte anfing, zu verwelken. Ein Blatt nach dem anderen löste sich und versank in der dunklen Tiefe. Momo empfand es so schmerzlich, als ob etwas Unwiederbringliches für immer von ihr fortginge.
Als das Pendel über der Mitte des schwarzen Teiches angekommen war, hatte die herrliche Blüte sich vollkommen aufgelöst. Gleichzeitig begann auf der gegenüberliegenden Seite eine Knospe aus dem dunklen Wasser aufzusteigen. Und als das Pendel sich dieser nun langsam näherte, sah Momo, dass es eine noch viel herrlichere Blüte war, die da aufzubrechen begann. Das Kind ging um den Teich herum, um sie aus der Nähe zu betrachten.
Sie war ganz und gar anders als die vorhergehende Blüte. Auch ihre Farben hatte Momo noch nie zuvor gesehen, aber es schien ihr, als sei diese hier noch viel reicher und kostbarer. Sie duftete ganz anders, viel herrlicher, und je länger Momo sie betrachtete, um so mehr wundervolle Einzelheiten entdeckte sie. […]
Allmählich begriff Momo, dass jede neue Blume immer ganz anders war als alle vorherigen, und dass ihr jeweils diejenige, die gerade blühte, die allerschönste zu sein schien. […]
Die Lichtsäule, die aus der Mitte der Kuppel herniederstrahlte, war nicht nur zu sehen – Momo begann sie nun auch zu hören! Momo ahnte, dass dieses klingende Licht es war, das jede der Blüten in anderer, jede in einmaliger und unwiederholbarer Gestalt aus den Tiefen des dunklen Wassers hervorrief und bildete.«[2]

Lassen Sie sich Zeit, damit die von Michael Ende entworfenen Zeitbilder, seine Stundenblumen, in Ihnen ankommen können. Lassen Sie sich von ihnen inspirieren und suchen Sie nach Ihren eigenen Zeitbildern. Gestalten Sie Ihre Zeitbilder: als Bild, als Tanz, als Text, als Figur; je nachdem, was sich anbietet. Geben Sie Ihren Zeitbildern einen geeigneten Platz in Ihrer Wohnung, damit Sie Ihnen immer wieder begegnen.

Stress und Stressabbau

Es ist heute gut erforscht, wie es zu Stress kommt, aber auch, wie Stress vermieden werden kann. Der erste Schritt, uns selbst aus der Stressspirale herauszuhelfen, besteht oft darin, dass wir uns klarmachen, welche konkreten äußeren und welche konkreten inneren Faktoren zu unserem Stress beitragen. Denn es sind nie nur die äußeren, die vorgegebenen Umstände, die zu Stress führen; die Art und Weise unseres Erlebens spielt bei der Entstehung von Stress ebenfalls mit. Was für die eine Person noch problemlos zu verkraften ist, wirkt sich für die andere bereits schädigend aus. Die Unterscheidung von äußeren und inneren Stressfaktoren ist auch deshalb hilfreich, weil es im Hinblick auf eine Veränderung meistens leichter fällt, bei den inneren Stressfaktoren anzusetzen.

Im Zusammenhang mit dem Beruf können als innere Stressfaktoren mitspielen: beängstigende Erfahrungen in ähnlichen Situationen, eine Überbewertung der Anerkennung durch andere – der Beruf ist an die Stelle der Beziehungen getreten –, die Tendenz, sich selbst ein Übermaß an Verantwortung zuzumuten, in der Familie eingeübte Verhaltensmuster von Gehorsam, Pflichterfüllung und Perfektion. Das heißt: Auch wenn diese Faktoren leicht erkannt werden können, braucht es eine längere und bewusste Auseinandersetzung mit der eigenen Biografie, bis es gelingt, diese Mechanismen zu durchschauen und auszuschalten, eine für die Entschleunigung des Lebens notwendige Auseinandersetzung.

Der Stress sollte als ein ganz natürliches Geschehen betrachtet werden. Es kann für uns Menschen lebensentscheidend sein, dass wir unsere Alarmbereitschaft, unsere ganze Aufmerksamkeit, die Fähigkeit, sofort die Flucht zu ergreifen oder mit aller Kraft einen Angriff zu wagen, in Sekundenschnelle aufbauen können – oder dass sich diese Aufmerksamkeit aufbaut, noch bevor uns die Gefahr, in die wir geraten sind, bewusst wird. Das sympathische Nervensystem ist für diese Aufgabe zuständig. Es steigert die Herz- und Atemfrequenz, erhöht den Blutdruck, bewirkt eine stärkere Durchblutung der willkürlichen Muskulatur, schärft die Sinne und fördert die Tätigkeit der Schweißdrüsen. Gleichzeitig vermindert es die Aktivität der Verdauungsorgane. Diese Erregung schadet dem Körper ganz und gar nicht – im Mark der Nebennieren kommt es zur Produktion von Noradrenalin und Adrenalin; herrscht das Hormon Noradrenalin vor, wird der Erregungszustand sogar als angenehm erlebt – immer unter der Voraussetzung, dass die Erregung nicht zu lange andauert und der Körper ihr nicht zu häufig ausgesetzt wird. Es ist das parasympathische Nervensystem, das den Ausgleich schafft, sobald die Situation, die die Alarmstufe ausgelöst hat, wieder vorbei ist. Meist sind es die inneren Stressfaktoren, die uns über die notwendige Zeit hinaus unter Spannungsdruck halten. Das heißt: Die durch eine Stresssituation ausgelöste und dort begründete Aggressivität zum Beispiel bleibt. Wir leben diese Aggressivität dann auch in anderen Situationen, in denen sie nicht notwendig ist. Wir verbrauchen unsere Energie in einem aufgeputschten Zustand, der den äußeren Umständen gar nicht entspricht. Oft wird dieser hohe Energieverbrauch kompensiert durch eine ebenso hohe Energiezufuhr. Und oft ist der Ausgleich, in einem gesunden Organismus das Werk des parasympathischen Nervensystems, nur noch durch Alkohol und Medikamente zu schaffen. Das muss nicht so sein. Der natürliche Ausgleich zwischen den Reaktionen des sympathischen und des parasympathischen Nervensystems kann durch Momente der Entspannung, Erholung und Meditation gefördert werden. Wenn diese Momente noch mit der Erkenntnis verbunden werden, die uns unsere Verhaltensmuster besser verstehen lässt, helfen sie uns, aus der Stressspirale herauszufinden.

Zeichenzeiten

Wer eine kürzere oder längere Zeit in einem Kloster verbringt, wird vor allem im Ohr behalten, dass immer wieder mal irgendwo unterschiedliche Glocken läuten: Zeichen für die Mönche oder Schwestern, ihre Arbeit beiseite zu legen und sich zum Gebet zu versammeln, zu schweigen oder zu lesen, zum Essen zusammenzukommen oder sich auf die Nachtruhe vorzubereiten. In anderen Kulturen sind es Gongschläge, Trommelsignale, Hölzer, die zusammengeschlagen werden. Sie besitzen dieselbe Signalwirkung. Ich habe selbst über mehrere Jahre in einer Klostergemeinschaft gelebt. Ich habe die Glocken noch im Ohr, ihre heilsame Unerbittlichkeit, das, was im Augenblick scheinbar ganz wichtig ist, beiseite zu legen und sich auf etwas anderes einzulassen. Es ist eine Übung, die ich nur empfehlen kann, gerade im Hinblick auf die Verlangsamung und Vereinfachung des täglichen Lebens. Denn es kommt zur Hektik und zum Stress, wenn wir uns in Aufgaben verbeißen und sie nicht mehr loslassen können, wenn wir uns in einer unzulässigen Art mit einer Aufgabe identifizieren.

Wer ohne Kloster lebt, kann bzw. muss sich selbst einen Rhythmus vorgeben und Zeichen, Zeichenzeiten, erfinden, über die er sich in Erinnerung ruft: Du bist nicht die Arbeit, in der du im Moment – gern oder weniger gern – aufgehst. Worin dieses Zeichen besteht, das kann individuell verschieden sein:

→ aufstehen
→ ein paar Schritte gehen
→ kurz den Arbeitsplatz verlassen, um sich zu dehnen und zu strecken, um bewusst durchzuatmen
→ ein Glas Tee oder eine Tasse Kaffee trinken
→ sich einen Text oder ein Bild in Erinnerung rufen, der oder das mit einer guten Erfahrung zusammenhängt
→ an eine Person denken, die einem wichtig ist
→ aus dem Fenster schauen und darüber staunen, dass schon ein paar Meter weiter weg niemand mehr an dem interessiert ist, was mich im Moment ganz stark beschäftigt ...

Für mich sind diese Pausen auch Möglichkeiten, an meiner morgendlichen Meditation anzuknüpfen: Wie ging es mir heute Morgen? Wie fühlte sich die Geborgenheit und Ruhe an, in der ich während der Meditation verweilen durfte? Kann ich auch jetzt mit dieser Geborgenheit und Ruhe in mir wieder Kontakt aufnehmen?

Ich bezeichne diese kurzen Pausen in meiner Sprache als »Zeichenzeiten«: Ich setze mir – vielleicht wird es nach außen gar nicht sichtbar und spürbar – ein Zeichen dafür, dass ich die Spirale der Hektik und des Stresses aufbrechen will, indem ich mich sammle. Ein Freund bezeichnet sie für sich als »Bei-mir-Zeit«. Wichtig ist der Charakter der Unterbrechung. Es geht nicht darum, noch etwas Zusätzliches zu tun, sondern in der Arbeit innehalten zu können.

Die Vorstellung der Zeichenzeiten habe ich der klösterlichen Kultur entnommen. Dieser Zusammenhang kann verdeutlichen, dass es im Ringen um eine Verlangsamung des Lebens, um eine Entschleunigung des Arbeitsalltags nicht mit einer plakativen Gegenüberstellung von stressiger Arbeit und gemütlichem Faulenzen getan ist. Die Klöster haben in früheren Jahrhunderten – viele tun dies bis heute – eine zentrale Aufgabe geleistet, die über den religiösen Einsatz hinaus Kultur und Bildung ermöglichte. Die Mönche und Schwestern lagen nicht auf der faulen Haut. Aber sie verstanden es, ihre Arbeit zu gestalten, zu rhythmisieren. Sie bestimmten ihre Arbeit und wurden nicht von ihrer Arbeit bestimmt. Die Arbeit gehört zu unserer persönlichen Entfaltung und bildet einen notwendigen Bestandteil des wirtschaftlichen Überlebens. Aber es zerstört den Menschen, wenn die Arbeit bzw. seine Reaktion auf die im Arbeitsalltag vorgegebene Situation ihn in einen Dauerstress versetzt. Bewusste Pausen können dem entgegenwirken.

Zeichenzeiten, dieser Ausdruck gefällt mir – vielleicht weil ich diese zeichenhaften Pausen in einem besonderen Maße brauche ... Ich habe mir angewöhnt, nicht nur im Hinblick auf diese bewussten Unterbrechungen der Arbeit, sondern auch im Zusammenhang mit anderen spirituell bestimmten Gestaltungselementen des Alltags von Zeichenzeiten zu sprechen. Die Meditation am Morgen ist eine Zeichenzeit, eine tägliche Zeichenzeit. Dass ich mir, wenn irgendwie möglich, einmal in der Woche Zeit nehme, in einer mir lieb gewordenen oder neu zu entdeckenden Landschaft ausgedehnt zu wandern, ist eine wöchentliche Zeichenzeit. Das lässt sich auf den Monat, auf das Jahr, auf andere Zeitgrößen ausdehnen. Mit einer Zeichenzeit erinnern wir uns an das, was uns wesentlich ist. An unser Wesen erinnert zu werden,

überlassen wir nicht dem Zufall, sondern machen es bewusst zu einem festgelegten, wiederholbaren Strukturelement unseres Alltags. Wie wir es bereits bei der Gestaltung der ersten Tagesstunden gesehen haben, geht es darum, dass wir selbst den Ton angeben und das uns Wesentliche nicht aus den Augen verlieren.

Wer langsam geht …

■ SCHUHSOHLENSELIGKEIT

→ Stehen Sie! Stehen Sie?

→ Lassen Sie sich Ihre beiden Fußsohlen bewusst werden. Nehmen Sie wahr, wie sich Ihr Gewicht auf den beiden Fußsohlen verteilt, wie Sie Ihr Gewicht über die Fußsohlen an den Boden abgeben.

→ Bewegen Sie nun ganz vorsichtig Ihre Füße, sodass immer wieder andere Stellen das Gewicht übernehmen: z. B. die Innenkanten Ihrer Füße, die Fersen, die Fußballen, die Außenkanten.

→ Nehmen Sie wahr, wie sich Ihre Empfindungen verändern, wie Sie mit anderen Gefühlen reagieren, je nachdem, auf welchen Stellen Ihrer Füße das Gewicht liegt.

→ Sie können in dieser Art und Weise auch gehen: nur auf den Fersen oder nur auf den Fußspitzen oder nur auf den Innenkanten oder nur auf den Außenkanten.

→ Kehren Sie immer wieder zu einem normalen Stehen zurück, fest und doch leicht, als ob Sie stundenlang zu stehen hätten. Nehmen Sie sich für diese Übung immer länger Zeit, vielleicht bis zu 15 Minuten.

Das ungewohnte Wort *Schuhsohlenseligkeit* habe ich in einem kurzen Gedicht von Werner Lutz gefunden – falls Sie die Übung in Strümpfen oder barfuß vollziehen, wäre als Titel richtiger: Fußsohlenseligkeit. Das Gedicht von Werner Lutz lautet:

Eine Wegvernarrtheit eine Schuhsohlenseligkeit
Flügelschritte
dem Tag um Tage voraus[3]

Fluchtverhalten (Angst, Sehnsucht, sich in Freizeit- und Ferienräume wegzuträumen, fehlende Präsenz) und die offen oder heimlich ausgetragene Aggressivität (unterdrückte Wut, Lust zuzuschlagen, Verachtung, Respektlosigkeit) signalisieren deutlich, dass jemand unter Stress leidet. Bei Stress ist der Muskeltonus, die Spannung im Körper, erhöht und bleibt oft auch am Abend erhöht. Das verunmöglicht einen erholsamen Schlaf. Wer solche Symptome bei sich feststellt, sollte neben den kurzen Zeichenzeiten unbedingt noch andere Übungen angehen, die ihm helfen können, die bewusste Entspannung zu fördern, mit anderen Worten: dem parasympathischen Nervensystem und seinen Reaktionen Raum zu geben. Hilfreich sind vor allem Methoden, die den ganzen Menschen erfassen: Tanz, Tai-Chi, Qi-Gong, Yoga, Meditation. Je nach Grad der Bewegungsfreudigkeit ist die eine oder andere Methode angemessener.

Im Gegensatz zu den eben aufgeführten Methoden aus östlichen Traditionen kranken Methoden, die stark sportlich bestimmt sind, wie auch das Training an Kraftmaschinen in einem Fitnessstudio daran, dass sie zur Leistung verführen. Die durch den beruflichen Stress hervorgerufene Spannung wird dann nicht abgebaut, sondern im besten Fall durch eine andere Spannung abgelöst. Kurzfristig kann das wie Erholung wirken, vertieft aber die schädlichen Auswirkungen des Stresses auf den Körper.

Wenn Sie eine der eben empfohlenen Methoden erlernen möchten, gibt es an Ihrem Wohnort oder in der näheren Umgebung sicher gute Übungsgruppen – oft informiert auch das Internet über entsprechende Unterrichtsangebote. Wenn Sie von früher her die eine oder andere Methode bereits kennen und sie wieder auffrischen möchten, reicht möglicherweise auch ein Buch, in dem Sie die Übungen beschrieben und abgebildet finden. Der Besuch einer Übungsgruppe hat allerdings den Vorteil, dass Sie zur regelmäßigen Praxis angehalten werden und in der Beobachtung der Lehrerin oder des Lehrers wahrnehmen können, was es bedeutet, eine Übung entspannt zu vollziehen.

Wenn Ihnen solche Methoden (noch) nicht zusagen, achten Sie darauf, dass in Ihrem Alltag immer wieder Raum für Spiel ist. Nehmen Sie sich Zeit, mit Ihrem Partner oder Ihrer Partnerin, in

Ihrer Familie oder in Ihrem Freundeskreis zu spielen; entdecken Sie Spiele aus Ihrer Kindheit und Jugend neu; wagen Sie sich auch an Spiele aus anderen Kulturen heran. Oder versuchen Sie, die eine oder andere alltägliche Verpflichtung oder Gewohnheit spielerisch anzugehen.
An den Tagen, an denen ich in Zürich arbeite, spiele ich zum Beispiel gerne Tourist: Ich flaniere eine halbe Stunde oder länger durch die Straßen der Altstadt, als ob ich unerschöpflich viel Zeit hätte, und stoße jedes Mal auf neue Winkel, Ausblicke, Schaufenster, Originale, die ich bisher übersehen habe. Zwei Männer in meinem Freundeskreis haben während der Ferien in einem kleinen Städtchen in Südfrankreich Pétanque entdeckt; das Spiel bzw. die Gruppe, die sich in den frühen Abendstunden auf dem Kiesplatz neben der Kirche diesem Spiel widmete, zog sie so stark an, dass sie sich vor Ort noch Kugeln kauften und es nun auch zu Hause spielen. Auch der Einkauf kann zum Spiel werden, die Vorbereitung einer festlichen Mahlzeit, der Hausputz, die Überraschung einer Person, die Sie lieben ...
Die Mischung von Ernst und Heiterkeit, von Engagement und Gelassenheit, von bewusstem Einsatz und Spontaneität, von Regeln und Freiraum gibt dem Spiel den besonderen Charakter und schenkt Ihnen ein neues Gespür für die Entspannung.

Meditation

DER ATEM SPIELT MIT IHNEN

→ Nehmen Sie sich 20 bis 30 Minuten Zeit. Achten Sie darauf, dass Sie in dieser Zeit nicht gestört werden.
→ Richten Sie sich in einer Meditationshaltung ein, die Ihnen körperlich zugänglich ist. Achten Sie darauf, dass Ihr Rücken gut aufgerichtet, aber nicht verspannt ist.
→ Lassen Sie sich zur Ruhe kommen, indem Sie Ihre Aufmerksamkeit auf den Körper lenken, auf die Sitzhaltung, die Sie eingenommen haben, auf Körperstellen, die Ihre Aufmerksamkeit anziehen. Dehnen Sie von diesen Stellen Ihr Bewusstsein auf die weitere Umgebung des Körpers aus.
→ Lenken Sie die Aufmerksamkeit dann stärker auf die Wahrnehmung der Atmung: Im Bereich der Atmungsorgane (Nase, Rachenraum, Kehlkopf, Bronchien) können Sie das Vorbei-

streichen der Atemluft und im Rumpf die feinen Bewegungen des Körpers im Atemrhythmus wahrnehmen. Überlassen Sie sich der Wahrnehmung dieser feinen und feinsten Bewegungen, ohne den Atem kontrollieren zu wollen.

→ Nehmen Sie den Atem wahr unter dem Bild, dass der Atem mit Ihnen, mit Ihrem Körper spielt. Der Atem spielt sich Ihnen zu, lässt einströmend Ihren Körper leicht größer werden, lässt ausströmend Ihren Körper dann wieder leicht zusammenfallen. Zwischen den beiden Bewegungen (Ein- und Ausatmen) legt der Atem jeweils eine kleine Pause ein.

Falls die Wahrnehmung des Spiels Ihres Atems spontan innere Worte oder Bilder auslöst, lassen Sie sie zu. Gehen Sie aber nicht auf die Suche nach solchen Worten oder Bildern. Eine wort- und bildlose Aufmerksamkeit kann ebenso intensiv sein.

→ Möglicherweise führt die Wahrnehmung des Atems und seines Spiels zum inneren Bedürfnis, den Atem anzusprechen, als ob er ein Gegenüber, ein Du wäre. Falls Sie Lust dazu bekommen, probieren Sie es aus: Sprechen Sie ihn an, geben Sie ihm einen Namen; vielleicht genügt auch das Du.

Lassen Sie sich aber die Freiheit, wirklich zu erspüren, ob ein solches »dialogisches« Verhalten für Sie richtig ist. Möglicherweise bleibt der Atem so stark ein Teil von Ihnen selbst, dass er nicht zum Gegenüber wird. Beide Möglichkeiten der Wahrnehmung sind gut!

→ Schließen Sie die Meditation ab, indem Sie mit einer Geste oder Bewegung Ihrer Hände und Arme Ihre Verbundenheit mit dem Atem zum Ausdruck bringen.

Die Einladung der Rhythmen

Tanz ist für Aristoxenus aus Tarent das kontinuierliche Heben und Senken der Füße. Der diskrete Akzent beim Berühren des Bodens ist der Schritt, und der wiederum ist die sichtbare Einheit eines jeden Rhythmus. Nur was das Körpergefühl mit Hilfe einer schreitenden Bewegung nachvollziehen kann, ist auch wirklich rhythmische Ordnung. Rhythmus existiert deshalb nicht »an sich«, sondern braucht einen Körper, um verwirklicht zu werden.

GEROLD BAIER

Im Alter von 17 Jahren erhielt ich die Chance, acht Wochen in Rom zu verbringen. Es war Hochsommer. Am Vormittag hatte ich bei meinen Gastgebern jeweils kleinere Arbeiten zu verrichten, am Nachmittag und am Abend war ich frei, ich konnte die Stadt entdecken und wieder entdecken. In den ersten Wochen nutzte ich jede Stunde und rannte durch die Stadt. Es war drückend heiß und diese Hetze bekam mir gar nicht. Zur Erschöpfung kam noch die meinen Eifer beleidigende Tatsache, dass Geschäfte, Museen, Kirchen und Monumente, deren Besuch ich geplant hatte, bis in den späten Nachmittag hinein geschlossen waren. Ich war vergeblich gerannt.

Ich kann im Rückblick nicht mehr feststellen, ob die Einsicht mir selbst kam oder ob mich jemand zur Einsicht brachte. Auf jeden Fall wurde ich nach drei, vier Wochen stärker zum Römer: Ich arbeitete die paar Stunden am Vormittag, aß etwas Kleines und legte mich dann wie alle Römer – bei geschlossenen Fensterläden – ins Bett, schlief oder las und machte mich ausgeruht

gegen 17 Uhr auf den Weg, besuchte eine der Sehenswürdigkeiten, verweilte auf einzelnen Plätzen, ließ mich im alltäglichen Leben der Stadt aufgehen und genoss die Abendstunden, wenn es in den Straßen und Parks wieder etwas kühler wurde. Ich wurde gegen Ende meines Aufenthalts so »römisch«, so einheimisch, dass ich nur noch lachen konnte, wenn ich in der Stadt auf Schweizer Touristen stieß, die sich erschöpft und mit heraushängender Zunge über die Zustände in Rom beklagten.
Eine Ferienerfahrung, die wir alle kennen: die Entdeckung, dass auch ganz anders gelebt werden kann, als wir es gewohnt sind – nicht in dem Sinn, dass wir als Feriengäste nun über mehr und andere Zeit verfügen als in den Arbeitswochen zu Hause, sondern dass jede Kultur und jedes Klima ihre je eigenen Lebensrhythmen besitzen. Je fremder uns die Kultur ist, der wir uns annähern, umso eindrücklicher der Unterschied. In den Ferien können wir uns dem fremden Rhythmus aussetzen, ihn teilweise oder ganz übernehmen: Im fremden Rhythmus entdecken wir fremde Seiten unserer eigenen Person.

Kakteen, Rosen und Geranien

Es muss nicht ein fremdes Land sein, auch in anderen Situationen kann uns bewusst werden: Wir sind von ganz bestimmten Rhythmen geprägt und gleichzeitig sind neben unseren Rhythmen auch ganz andere Rhythmen möglich. Uns spielerisch auf diese anderen Rhythmen einzulassen, bereichert zum einen unsere Erfahrung und verdeutlicht uns zum andern, welche Rhythmen wesentlich und unverzichtbar zu uns gehören.
Wer auf dem Balkon oder im Garten Blumen pflegt, wer Haustiere hält, wird mit anderen Lebensrhythmen konfrontiert. Er muss sich diese Rhythmen aneignen, mindestens in dem Sinn, dass er sie respektiert. Andernfalls gedeihen die Pflanzen und die Tiere nicht. Wenn ich bei jemandem zu Besuch bin, lasse ich mir gerne die Pflanzen und Tiere erklären, die zum Haus gehören. Ich freue mich über das Wissen und die Bereitschaft, einer Pflanze zum Beispiel genau den Lebensraum zu schaffen, den sie braucht, und ihre Gewohnheiten (Licht, Schatten, Feuchtigkeit, Düngung) zu unterstützen. Die Belohnung ist sichtbar: eine Lebensgemeinschaft, die gegenseitig guttut. Ich erinnere mich

an die Erzählung einer Arbeitskollegin, die sich einen langjährigen Wunsch erfüllt und einen Hund angeschafft hatte. Sie erzählte, wie vielfältig und lebendig sie den benachbarten Wald wahrnahm, seit sie mit ihrem Hund dort regelmäßig spazieren ging. Ihre Erzählung hörte sich an, als wäre die wache, sinnenlustige Aufmerksamkeit des Hundes auf sie übergegangen.
Sich auf fremde Rhythmen einzulassen – Antoine de Saint-Exupéry (1900–1944) nennt diesen Vorgang in seinem Buch *Der Kleine Prinz* »zähmen«. Der kleine Prinz befindet sich auf der Flucht vor seiner Rose; er liebt sie, kann aber mit dieser Liebe noch nicht umgehen. Auf seiner Flucht gelangt er auch auf die Erde und begegnet dem Fuchs; das Gespräch zwischen den beiden liest sich wie eine poetische Einführung in die Freundschaft – eine nicht ganz uneigennützige Einführung, denn der Fuchs sehnt sich nach einem Freund: Was er dem kleinen Prinzen vermittelt, möchte er am liebsten in ihrer gegenseitigen Beziehung realisiert sehen. Doch der kleine Prinz versteht die Unterweisung mehr als persönliche Initiation: Es geht ihm auf, welche Freundschaft zwischen ihm und seiner Rose bereits gewachsen ist und wie er sich in Zukunft seiner Rose gegenüber zu verhalten hat.

»›Man kennt nur die Dinge, die man zähmt‹, sagte der Fuchs.
›Die Menschen haben keine Zeit mehr, irgend etwas kennenzulernen. Sie kaufen sich alles fertig in den Geschäften. Aber da es keine Kaufläden für Freunde gibt, haben die Leute keine Freunde mehr. Wenn du einen Freund willst, so zähme mich!‹
›Was muss ich da tun?‹, sagte der kleine Prinz.
›Du musst sehr geduldig sein‹, antwortete der Fuchs. ›Du setzt dich zuerst ein wenig abseits von mir ins Gras. Ich werde dich so verstohlen, so aus dem Augenwinkel anschauen, und du wirst nichts sagen. Die Sprache ist die Quelle der Missverständnisse. Aber jeden Tag wirst du dich ein bisschen näher setzen können …‹«[4]

Die Einführung in die Freundschaft, die Antoine de Saint-Exupéry in diesem Gespräch gestaltet, lebt von den Ausdrücken: zähmen, sich vertraut machen, einander brauchen, feste Bräuche, Verantwortung – Ausdrücke, die letztlich eine rhythmische Annäherung beschreiben. Dass aus einer solchen Annäherung

eine Vertrautheit, ja eine Freundschaft entsteht, ist ein Ergebnis, das nicht erzwungen werden kann. Was aber eine solche Annäherung immer ermöglicht, ist ein tieferes Verständnis für die Unterschiedlichkeit der Rhythmen und für die Bedeutung der eigenen Rhythmen.

FELDER DER STABILITÄT (1) ▲

Sie haben bei der Lektüre bereits feststellen müssen: Das eigene Leben zu verlangsamen und den eigenen Rhythmus wieder zu entdecken gelingt nur, wenn wir auch bereit sind, uns auf Veränderungen einzulassen, wohl besser gesagt: Veränderungen bewusst herbeizuführen. Veränderungen sind den meisten Menschen aber nur möglich, wenn sie sich sicher fühlen. Diesem Sicherheitsbedürfnis, dem ersten Schritt zur Veränderung, dient die folgende Übung. Sie kann Sie mehrere Stunden beschäftigen, nehmen Sie sich diese Übung an einem Tag vor, an dem Ihnen so viel Zeit zur Verfügung steht.

Felder der Stabilität – Lebensbereiche, die Sicherheit vermitteln – können von Person zu Person, von Lebensphase zu Lebensphase ganz unterschiedlich sein. Mir fallen im Moment die folgenden Möglichkeiten ein – ihre Aufzählung folgt keiner Wertung und schließt andere Felder der Stabilität nicht aus:
➜ Menschen: Beziehungen zu Personen der Herkunftsfamilie oder der aktuellen Familie, Partnerschaft, anvertraute Personen, Freunde, Freundinnen
➜ Orte: ein Land, eine Region, ein Straßenzug, ein Lieblingsplatz, ein Kirchenraum
➜ Gegenstände, die dank einer bestimmten Erfahrung einen besonderen Erinnerungswert besitzen: ein Kleidungsstück, ein Geschenk, ein Foto, ein Brief, ein Bild
➜ Gemeinschaften: Firmen, Berufsgruppen, Institute, Kirche, Vereine, Clubs, Verbände, Sportgruppen
➜ Rituale: religiöser oder sozialer Art, privater oder öffentlicher Art
➜ Strukturen: Tages-, Wochen-, Jahresrhythmen, natürliche Rhythmen, Festrhythmen, Geburtstage
➜ Wertvorstellungen: philosophische, religiöse, spirituelle Bilder und Grundsätze, die als Lebensmotti dienen

→ Seelische Bilder: wiederkehrende Tag- und Nachtträume, innere Ahnungen und Weisheiten, Wünsche für die eigene Zukunft und die Zukunft der Menschen

Halten Sie schriftlich fest, welche Felder der Stabilität in Ihrem Leben zur Zeit eine Rolle spielen – unabhängig davon, ob Sie diese bewusst aufgebaut und gepflegt haben oder ob Sie sie mehr als Geschenk erfahren.

Gestalten Sie auf einem großen Blatt Ihre Felder der Stabilität mit verschiedenen Symbolen und Farben. Setzen Sie Ihr zentrales Feld in die Mitte des Blattes, gruppieren Sie die anderen Felder ihrer Bedeutung entsprechend um diese Mitte herum. Betrachten Sie Ihre Felder der Stabilität und spüren Sie dem Gefühl der Sicherheit nach, das die Symbole und Farben bzw. die durch sie signalisierten Erfahrungen Ihnen vermitteln.

Aus dem Rhythmus gefallen

Wenn ich hier von »Rhythmus« spreche, so setze ich diesen Ausdruck in einem ausgeweiteten Sinn ein. »Rhythmus« meint dann das, was mein Leben besonders sein lässt, wovon ich nicht ablassen möchte oder kann, weil ich sonst etwas Wesentliches verlieren würde. Im Zusammenhang mit dem Thema dieses Buches heißt das: Viele Menschen erleben sich gehetzt und gestresst, atemlos und fremdbestimmt, weil sie ihren »Rhythmus« nicht mehr leben können. Und es ist für sie entscheidend wichtig, wieder zum eigenen Rhythmus zurückzufinden. Oft scheint jedoch dieser Rhythmus unwiederbringlich verloren zu sein: Gestresste Menschen können sich nicht mehr an ihn erinnern. Der innere Sinn für den stimmigen Rhythmus scheint nicht mehr zu funktionieren.

Was ich als meine eigene Rom-Erfahrung beschrieben, als Erfahrungen mit Blumen und Tieren angedeutet und als Zähmungs-Erfahrung des kleinen Prinzen wiedergegeben habe, sind Möglichkeiten der Wiederentdeckung des eigenen Rhythmus. Indem ich mich auf einen einladenden fremden Rhythmus einlasse und in diesem Experiment gleichzeitig mich selbst wahrnehme, kann ich zu mir und meinem Rhythmus zurückfinden.

Das Wort »Rhythmus« gefällt mir. Es assoziiert Musik, Bewegung, Tanz, körperlichen Ausdruck. Von diesem äußerlich wahrnehmbaren rhythmischen Geschehen des Körpers ist der Schritt zu unscheinbareren, aber trotzdem lebensnotwendigen Rhythmen des Körpers schnell getan. Die Wissenschaften haben festgestellt, wie bedeutungsvoll für die Gesundheit rhythmisch strukturierte Abläufe (Herz, Hormone, Gehör, Gehirn u. a.) sind; Gerold Baier hat die Forschungsergebnisse in seinem Buch *Rhythmus. Tanz in Körper und Gehirn* zusammengetragen. Nach einer ausführlichen Darstellung der rhythmischen Phänomene des Körpers greift er am Ende seines Buches auf eine Aussage des Dichters Novalis (1772–1801) zurück und deutet sie im Licht medizinischer Erkenntnisse:

»Von Friedrich von Hardenberg, mit Künstlernamen Novalis, ist der Aphorismus überliefert: ›Jede Krankheit ist ein musicalisches Problem.‹ Mit Blick auf Melodie oder Harmonie lässt sich der Aphorismus nur als Sinnbild deuten, etwa dahingehend, dass sich die physiologischen Prozesse des Körpers ›harmonisch‹ zusammenfügen sollen, und dass ›Dissonanzen‹ oder ›Disharmonien‹ dieser Prozesse den ›Zusammenklang‹ stören und Krankheiten verursachen. Bezogen auf den Rhythmus als dritten Bestandteil der Musik kann der Aphorismus auch konkret gedeutet werden. Die physiologischen Rhythmen haben tatsächlich musikalische Qualitäten. Krankheiten, bei denen diese Qualitäten gestört sind (dynamische Krankheiten) werden daher auch zum ›musicalischen Problem‹.«[5]

Wer, gestresst, aus dem Rhythmus fällt, wird krank.

Wer langsam geht …

KLEINFLÄCHIG

➔ Lassen Sie sich Ihre beiden Fußsohlen bewusst werden. Nehmen Sie wahr, wie sich Ihr Gewicht auf den beiden Fußsohlen verteilt. Und stellen Sie sich innerlich darauf ein, die Basis, auf der Sie stehen, noch zu verkleinern.

➔ Verlagern Sie langsam und bewusst das Gewicht abwechselnd mehr auf den einen, dann mehr auf den anderen Fuß.

Vollziehen Sie diese Bewegung immer langsamer, sodass der eine, dann der andere Fuß wirklich Zeit bekommt, Ihr ganzes Gewicht zu übernehmen.

→ Bleiben Sie schließlich auf einem Fuß stehen. Die Ferse des anderen Fußes, der kein Gewicht mehr trägt, lehnen Sie leicht an die Innenseite des Fußknöchels des Standbeins, seine Fußspitze bleibt in Bodenkontakt. Falls Sie geübt sind oder sich in Yoga auskennen, können Sie den »unnötigen« Fuß auch weiter nach oben heben und die Fußsohle gegen die Innenseite des Knies oder des Oberschenkels des Standbeins stützen oder den Fuß in die Leistengegend betten.

→ Wenn sich das Gleichgewicht einstellt, können Sie zudem Ihre Arme und Hände seitwärts anheben und ausbreiten, auf Brusthöhe, auf Schulterhöhe; Sie können Ihre Arme und Hände sogar über dem Kopf zusammenführen. In der Yoga-Tradition wird diese Position als Stellung des Baums bezeichnet.

→ Vollziehen Sie dies auch auf dem anderen Fuß.

→ Genießen Sie anschließend wieder die Stellung auf beiden Beinen, auf beiden Füßen.

Lassen Sie sich für diese Übung gut Zeit. Achten Sie darauf, dass Sie nicht um das Gleichgewicht kämpfen, lassen Sie es sich schenken. Und falls heute nicht Ihr Gleichgewichtstag ist, nehmen Sie es mit Humor!

Den fremden Rhythmus wagen

Es klingt eigenartig, zählt aber zu den zentralen Erfahrungen: Wenn wir aus dem Rhythmus gefallen sind, finden wir nur schwer in den eigenen Rhythmus zurück. Das Gespür für ihn scheint uns verloren gegangen zu sein. Es ist, als ob er ganz vorsichtig neu entdeckt werden müsste, zum Beispiel dadurch, dass wir ihn umkreisen, indem wir andere, auch und vor allem uns fremde Rhythmen ausprobieren. Nicht über eine willentlich getroffene Entscheidung finden wir zu unserem Rhythmus zurück, sondern über eine erspürende Annäherung.

Oft wird heute den gestressten Menschen ein »Time-out« empfohlen, eine Auszeit. Müsste man nicht eher von einem »Rhythm-out« sprechen, von einer Zeit, in der andere Rhythmen erlaubt, ja

vorgegeben sind, damit der eigene Rhythmus zumindest als Bedürfnis wieder erfahrbar wird?
Ich habe von den unterschiedlichen Möglichkeiten gesprochen, sich anderen Rhythmen auszusetzen; wer den eigenen Rhythmus verloren hat, muss solche Möglichkeiten bewusst pflegen, sei es in der Form eines Kuraufenthaltes – oder allgemeiner: einer zeitweiligen Veränderung der Lebensgewohnheiten –, sei es in der Form einer Therapie. Ich leiste mir immer wieder Zeiten der Yoga-Praxis. Für mich bedeutet dies, mich Rhythmen auszusetzen, die auf die Grundstrukturen meiner körperlichen und seelischen Dimension ausgerichtet sind, diese Grundstrukturen in mir erstarken zu lassen und dadurch eine Neuorientierung zu ermöglichen – auch wenn die einzelnen Yogaübungen vorerst fremd anmuten.
Ich lernte Hatha-Yoga kennen, als ich mich während eines zweiten Uni-Studiums in eine Stresssituation hineinmanövrierte. Ich wollte möglichst schnell vorankommen und gleichzeitig das erste, schon abgeschlossene Studium durch den Besuch weiterer Vorlesungen und die Lektüre neuer Bücher vertiefen. Es war eine Zeit, in der ich mich überforderte. Ein Arzt wies mich auf Hatha-Yoga hin. Der klassische indische Yoga umfasst eine dreifache Schulung: eine Schulung im ethischen Verhalten, eine Schulung im Umgang mit dem eigenen Körper (Bewusstheit für die psychosomatischen und spirituellen Zusammenhänge von Muskeltonus, Atemfluss und Sinnesfunktionen) und eine Schulung in Meditation. Der Hatha-Yoga, wie er üblicherweise in Europa gelehrt wird, legt das Gewicht auf das Training des Körpers und der Atmung und übernimmt von der ganzheitlichen Schulung vor allem jene Aspekte, die die Entspannung und das Selbstbewusstsein fördern.
Wenn ich Yoga üben will, nehme ich mir eine Stunde Zeit. Ich beginne mit Aufwärmübungen, um mich körperlich vorzubereiten, und vollziehe dann acht bis zwölf der klassischen Yogastellungen. Bei jeder dieser Stellungen gilt es, bestimmte Körperbereiche zu dehnen und diese Dehnung längere Zeit durchzuhalten. Dabei ist auf zwei Dinge zu achten: Diese Dehnung sollte den Körper fordern, aber nicht überfordern, und die übrigen Bereiche des Körpers, die nicht in die bewusst aufgebaute

Dehnung miteinbezogen sind – oder anders gesagt: ich als Person –, bleiben möglichst entspannt. Nachdem die Dehnung längere Zeit durchgehalten worden ist, wird sie langsam gelöst, der Körper kehrt in den gewohnten Muskeltonus zurück. Die Phase der Entspannung ist so wichtig wie die Yogastellung selbst; erst während der Entspannung entfaltet die Stellung ihre Wirkung.
Ich habe den Vollzug einer Yogastellung absichtlich etwas ausführlicher beschrieben. Er verdeutlicht für mich beispielhaft, was geschehen kann, wenn wir uns auf einen fremden, uns vorgegebenen Rhythmus einlassen. Er formt uns, entlässt uns aber in unseren eigenen Rhythmus. Er gibt uns unserem Rhythmus zurück. Was ich hier anhand von Yoga-Übungen beschreibe, ist meine persönliche Erfahrung; jemand anders macht dieselbe Erfahrung beim Tanz, beim Malen und Zeichnen oder beim Spiel eines Musikinstrumentes.
Ich habe bereits angedeutet, dass ich gerne literarische Werke lese; ich kenne dieselbe Erfahrung auch bei meiner Lektüre, vor allem wenn ich mich intensiv auf die Sprache einlasse. Die Sprache nimmt mich mit, setzt mich einer Geschichte, einem Denken, einer Formulierung aus, die nicht die meine ist. Wenn sie mich wieder entlässt, finde ich zu mir zurück, sensibilisiert durch die Umformungen, durch die ich hindurchgegangen bin.

Die Bedeutung der Bedeutungslosigkeit

Die Yogapraxis ist mir aus einem weiteren, noch nicht erwähnten Grund wichtig geworden: Sie setzt mich einem »Rhythmus« aus, der nicht nach meiner Stimmung fragt und selbst nicht stimmungsbetont ist. Diese Stimmungsneutralität kann in bestimmten Situationen, gerade auch, wenn es darum geht, in unseren eigenen Rhythmus zurückzufinden, etwas Heilsames besitzen. Ähnliche Feststellungen bekomme ich in strengen Meditationswochen zu hören, wenn Teilnehmerinnen und Teilnehmer im Rückblick betonen, dass ihnen die Ritualisierung des Kursalltags eine Hilfe war. – Es geht mir in diesem Zusammenhang nicht um einen blinden Gehorsam oder um die Unterwerfung unter eine vorgegebene Ordnung. Es geht mir vielmehr um die vertiefte Wahrnehmung des eigenen Rhythmus: Die ritualisierte Kurswoche lässt mich wahrnehmen, was ich wirklich

brauche, welches mein eigenes Maß ist und in welchem Rhythmus ich aufgehoben bin.
Von ähnlichen Erfahrungen berichten Männer und Frauen, die sich für eine längere Zeit dem Rhythmus einer Klostergemeinschaft anschließen. Als Personen einer individualisierten Gesellschaft sind sie gewohnt, sich den Rhythmus selbst vorzugeben. Je nach Berufs- und Familiensituation geraten sie dadurch in eine große Vereinzelung. Den Rhythmus durchzuhalten und sich dazu ständig neu zu motivieren bedeutet eine gewaltige Anstrengung. In die Strukturen einer Gemeinschaft aufgenommen zu werden, in der die Zeiten für die Arbeit, das Gebet, die Erholung, die Stille, die Mahlzeiten, die Kommunikation und das Alleinsein fraglos vorgegeben sind, schafft dann eine große Entlastung. Doch dabei darf es bei einem »Kloster auf Zeit« ja nicht bleiben. Das Eintauchen in eine Gemeinschaftsordnung muss in eine Neugestaltung des eigenen Alltags münden.
Einen solchen »Rhythmus«, der nicht nach unserer Stimmung fragt, haben wir noch näher als jede Yogapraxis und jede Klostergemeinschaft: den eigenen Atemrhythmus. Durch mein regelmäßiges Meditieren ist mir der Atemrhythmus sehr vertraut geworden. Immer wieder berührt mich seine Stetigkeit, seine Selbstverständlichkeit. Angefangen vom Aufwachen am Morgen bis zu meinen letzten wachen Minuten am Abend begleitet mich sein Rhythmus. Auch in der Nacht, wenn meine Wahrnehmung nicht mehr auf ihn gerichtet ist, bleibt er wirksam. Er bildet eine Art Basisrhythmus. Das heißt auch: Ich kann mich in Augenblicken, in denen ich in Gefahr bin, aus meinem Rhythmus zu fallen, auf den Atemrhythmus zurückziehen; in ihm erfahre ich einen fremden, in einem gewissen Sinn neutralen Rhythmus; ich kann mich spielerisch auf ihn einlassen und so Zeit gewinnen, um zu meinem eigenen Rhythmus zurückzufinden.
Ich mag es, alltägliche Abläufe und Bewegungen auf den Atemrhythmus abzustimmen, wenn ich irgendwohin gehe zum Beispiel, in der Küche eine Mahlzeit vorbereite oder bei der Gartenarbeit helfe. Es ist mir aufgefallen, dass solche Tätigkeiten, abgestimmt auf den Atemrhythmus, eine Leichtigkeit und eine Würde erhalten, als ob sie von der Selbstverständlichkeit des Atems geprägt würden.

DIE SELBSTVERSTÄNDLICHKEIT DES ATEMS

→ Nehmen Sie sich 20 bis 30 Minuten Zeit. Achten Sie darauf, dass Sie in dieser Zeit nicht gestört werden.
→ Richten Sie sich in einer Meditationshaltung ein, die Ihnen körperlich zugänglich ist. Achten Sie darauf, dass Ihr Rücken gut aufgerichtet, aber nicht verspannt ist.
→ Lassen Sie sich zur Ruhe kommen, indem Sie Ihre Aufmerksamkeit auf den Körper lenken, auf die Sitzhaltung, die Sie eingenommen haben, auf Körperstellen, die Ihre Aufmerksamkeit anziehen. Dehnen Sie von diesen Stellen Ihr Bewusstsein auf den ganzen Körper aus.
→ Lenken Sie die Aufmerksamkeit dann stärker auf die Wahrnehmung der Atmung. Achten Sie auf das Fließen der Luft im Bereich der Atmungsorgane; achten Sie auf die feinen Bewegungen, die der Atem im Bereich des Rumpfes auslöst; diese Bewegungen zeigen sich spürbar an der Oberfläche des Körpers, aber auch in seinem Innern. Seien Sie vorsichtig: »Aufmerksam sein« und »achten auf« bedeuten nie, den Atem zu kontrollieren. Lassen Sie ihn möglichst unverstellt fließen.
→ Nehmen Sie den Atem wahr unter dem Aspekt seiner Regelmäßigkeit, seiner Treue. Unabhängig davon, was Sie planen und tun, welcher Stimmung oder Missstimmung Sie sich überlassen: Der Atem hält seinen Rhythmus durch, der Atem hält sein Angebot aufrecht.
→ Wenn Sie den Atem wahrnehmen und mit der Aufmerksamkeit beim Atem verweilen, geht es nicht darum, solche Sätze, wie Sie sie eben gelesen haben, innerlich zu wiederholen und sie mit der Atembewegung zu verbinden. Vergessen Sie solche Sätze, das Verweilen genügt.
→ Verweilen Sie in der Verbundenheit mit dem Atem, sodass Sie seine Verlässlichkeit immer stärker verspüren. Honorieren Sie diese Verlässlichkeit, indem Sie sich auf den Atem einlassen.
→ Wenn Sie die Meditation abschließen, bringen Sie mit einer Geste oder Bewegung Ihrer Hände und Arme Ihre Verbundenheit mit dem Atem zum Ausdruck.

Neue Augen

Wer schreibt, handelt, als füllte er einen Kelch mit dem ganzen Licht des Sommers, mit allem, was im Sommer da war, dann hebt er ihn empor, damit er in seiner Hand leuchtet – mit allem, was darin ist, was angesprochen werden muss, bevor der Frost seine Finger berührt.

PHILIPPE JACCOTTET

Ich mag das Abendritual – manchmal vollziehe ich es kurz vor dem Wegtauchen in den Schlaf, manchmal bevor ich zu Bett gehe –, das darin besteht, dass ich mir zwei, drei Augenblicke des zu Ende gehenden Tages in Erinnerung rufe. Es sind Augenblicke, die ich retten, in meinem Gedächtnis bewahren möchte. Ich versuche nochmals zu sehen, zu hören, mir anhand der gespeicherten Sinneserfahrungen zu vergegenwärtigen, was ich erlebt habe. Und ich staune jeweils, wie reich und verflochten sich die einzelnen Erfahrungen herausstellen, wenn ich ihnen einen ungestörten Raum zur Verfügung stelle. Nicht selten bedaure ich die Spielregel meines Rituals, nur zwei oder drei Ereignissen Raum zu geben. Es ist, als ob weitere Begebenheiten sich melden, als ob die Fülle des Tages hereinströmen wollte.
Ich versuche, auch andere für dieses Ritual zu gewinnen. Denn ich bin überzeugt: Jedes menschliche Leben, jeder Tag birgt Schätze in sich, die zu betrachten sich lohnen. Es kann sich um Begegnungen handeln, um Gespräche, Ideen und Bilder, die einen selbst oder andere berührt haben, Kunstwerke, Einsätze für andere – wie auch immer, vielleicht auch unscheinbare Begebenheiten, die sich im Augenblick des Geschehens kaum

entfalten und in ihrer Bedeutung zeigen konnten. Erst im Nachhinein, wenn sie in der Stille die richtige Aufmerksamkeit erhalten, erweisen sie ihren Wert – als ob sie als Basis für ihre Entfaltung unser bewusstes Innehalten, unsere Zuwendung brauchen würden.

Für mich beginnt die Wiederentdeckung der Vielfalt des eigenen Lebens, der oft beschworenen Ressourcen mit der richtigen Aufmerksamkeit. Wir müssen den Sinn für diese Lebensquellen wiedergewinnen. Eine Möglichkeit dafür bietet meines Erachtens die gegenständliche Meditation.

Wem gehört die Sammlung?

Die Meditation ist eine Form der inneren Sammlung. – Wie wir selbst mithelfen können, dass es zu dieser Sammlung kommt, werde ich beschreiben. – Wenn diese Sammlung sich einstellt, können wir unterschiedlich damit umgehen. Meistens werden zwei Arten der Sammlung einander gegenübergestellt: die gegenständliche und die nichtgegenständliche Meditation. Sie unterscheiden sich in mehreren Punkten, in der einen und anderen Hinsicht berühren sie sich auch.

Wer gegenständlich meditiert, öffnet den Raum der inneren Sammlung für etwas oder jemanden, für den »Gegenstand« seiner Meditation, verweilt bei ihm, lässt sich durch die Dauer und Intensität des Verweilens vom meditierten Gegenstand ansprechen, berühren und verändern. In diesem Sinn ist die gegenständliche Meditation eine bewusste »Gegenhaltung« zu unserem von der Eile diktierten alltäglichen Verhalten, wenn wir uns nicht mehr oder nur noch oberflächlich auf die Dinge und Ereignisse einlassen.

Wer nichtgegenständlich meditiert, bemüht sich, den Raum der inneren Sammlung bewusst offenzuhalten, zu verhindern, dass dieser Raum sich mit irgendeinem »Gegenstand« füllt. Das ist ein schwieriges Unterfangen, denn unser Bewusstsein hat die Tendenz, sich mit irgendetwas zu beschäftigen und sich an irgendetwas festzumachen, und sei es auch nur für Sekunden. Mit bestimmten methodischen Hilfen, von denen im Kapitel *Einfach da, nichts weiter* die Rede sein wird, kann diese Tendenz unterwandert werden.

Die nichtgegenständliche Meditation ist vor dem ursprünglichen religiösen Hintergrund der Meditation verständlich: Männer und Frauen haben auf ihrer spirituellen Suche erfahren, dass Gott oft nicht verstanden werden kann. Auch emotional sehr starke Bilder, Ahnungen und Regungen erfassen ihn letztlich nicht. Oft erleben sich Meditierende in der paradoxen Situation, dass sich eine innere Leere und die Gewissheit von Gottes Präsenz gleichzeitig einstellen. Aus solchen Erfahrungen ist die Überzeugung gewachsen, dass es Gott am ehesten entspricht, wenn ihm im Gebet bzw. in der Meditation einfach Raum der inneren Sammlung zur Verfügung gestellt wird, Raum, den wir Menschen von uns aus nicht füllen, weder mit einem Gedanken, noch mit einem Bild, noch mit einem Gefühl.

FELDER DER STABILITÄT (2) ▲

Die Übung baut auf der Übung Felder der Stabilität (1) auf (siehe S. 37). Sie ist nur sinnvoll, wenn Sie sich bereits mit genügend Zeit der vorangegangenen Übung gewidmet haben.

Nehmen Sie die beiden Blätter wieder zur Hand, Ihre schriftlichen Notizen und Ihre Gestaltung der Felder der Stabilität. Lassen Sie sich durch den Kopf und das Herz gehen, was Sie aufgezeichnet haben, und halten Sie sich dann auf einem weiteren Blatt schriftlich fest:

→ Welchen Feldern der Stabilität möchten Sie in den nächsten Wochen und Monaten ein besonderes Gewicht geben?
→ Auf welche Art und Weise werden Sie diese Felder pflegen, damit sie auch das entsprechende Gewicht bekommen?
→ Zu welchen Veränderungen müssen Sie vermutlich bereit sein, damit diese Gewichtung bzw. der Einsatz dafür überhaupt möglich und sinnvoll ist?

Schritte zur Sammlung

Die Sammlung, die bei der Meditation angestrebt wird, hat mit einem Zur-Ruhe-Kommen zu tun. Deshalb wird in der Meditationspraxis darauf geachtet, dass wir zuerst körperlich zur Ruhe finden, zum Beispiel in einer Sitzhaltung, die ein entspanntes Sitzen und eine für den Körper vorteilhafte aufgerichtete

Haltung verbindet. Empfohlen wird dabei, das Becken leicht nach vorne zu kippen, sei es mit Hilfe eines Sitzkissens oder eines Meditationsbänkchens, sei es mit Hilfe eines Keilkissens auf der Sitzfläche eines Stuhls. Diese leichte Neigung des Beckens ermöglicht es uns, den Rücken ohne Anstrengung aufgerichtet zu halten. Anstreben sollten wir eine Sitzhaltung, die wir über längere Zeit, 20 bis 30 Minuten, problemlos durchhalten können, ohne uns bewegen zu müssen. Diese körperliche Ruhe überträgt sich wohltuend auf unser Inneres.

Damit wir diese Ruhe bewusst aufnehmen können, gilt es, unser Bewusstsein auf den Körper zu lenken, ihn zu erspüren, die Empfindungen wahrzunehmen. Das ist ein präzis beschreibbarer Vorgang. Neben den Fernsinnen (Augen, Ohren, Nase, Mund, Tastsinn) verfügen wir auch über die Nahsinne. Gemeint sind damit Sensoren in den Hautschichten und im Muskelgewebe und der Gleichgewichtssinn. Die Nahsinne orientieren uns ununterbrochen über die Stellung unseres Körpers – die Stellung des Körpers im Raum und zum Raum, aber auch die Bezüge der einzelnen Teile des Körpers zueinander –, über unsere körperliche und seelische Befindlichkeit und über die Entstehung unserer Gefühlsreaktionen. Als Empfindungen werden die Signale der Nahsinne bezeichnet, die in unser Bewusstsein gelangen.

Die Wahrnehmung der Empfindungen ist ein so basaler Vorgang, dass er vielen von uns nicht mehr bewusst wird; oder wir blenden ihn aus – er läuft ja von alleine ab – und widmen uns scheinbar wichtigeren Dingen, zum Beispiel den Informationen, die uns über die Fernsinne erreichen, oder den Gedankenketten, die durch unseren Kopf tanzen. Erst bei ganz intensiven Erfahrungen, bei einer Schmerz- oder Glückserfahrung etwa, rücken die Nahsinne wieder in unsere Aufmerksamkeit. Wenn es nun darum geht, bei der Meditation auf die Empfindungen zu achten, erleben wir dies vorerst wie eine Fremdsprache, eine Sprache des Körpers, für die wir noch gar kein Verständnis haben, eine Sprache, der wir uns vorsichtig annähern müssen.

Ich habe mir angewöhnt, mir die Empfindungen in einer Art Körperreise bewusst zu machen. Ich beginne jeweils bei den Händen: Ich erspüre bei beiden Händen die Handfläche, die einzelnen Finger, den Handrücken, das Handgelenk, dann die beiden Arme und schließlich die beiden Schultergelenke. Dann fahre ich bei den Füßen fort: Ich erspüre bei beiden Füßen die Fußsohle, die einzelnen Zehen, die Ferse, den Fußrücken und das Fußgelenk, dann die beiden Beine bis hinauf zu den Gesäßbacken. Anschließend lasse ich mir den Rücken bewusst werden, indem ich mit der Aufmerksamkeit langsam vom Kreuzbereich nach oben zu den Schultern wandere und auf alle Empfindungen im Bereich des Rückens achte. Ich lenke dann die Aufmerksamkeit auf den Nacken, die Kopfhaut und das Gesicht und erspüre als Abschluss dieser Körperreise die Vorderseite in Höhe der Brust, des Bauchs und des Beckens.

Von anderen weiß ich, dass sie spontaner vorgehen und zu Beginn der Meditation einfach darauf achten, welche Stellen des Körpers im Augenblick ihre Aufmerksamkeit erheischen: Irgendwo schmerzt ein Körperbereich, signalisiert Spannung oder auch Wohlbefinden, will aus was für einem Grund auch immer Zuwendung. Ausgehend von solchen Körperstellen, dehnen sie die Aufmerksamkeit dann allmählich auf den ganzen Körper aus.

Oder sie beginnen gleich mit dem, was ich für mich als zweiten Schritt betrachte: die Aufmerksamkeit auf die Atembewegung. Das Atemgeschehen ist geprägt durch die Kontinuität und durch einen Rhythmus, der gelegentlich variieren kann, aber im Normalfall von einer großen Konstanz ist. Auch das Atemgeschehen ist deshalb für viele Menschen eine so selbstverständliche Sache, dass sie den Atem kaum wahrnehmen. Es braucht Störungen im Atemfluss oder Erkrankungen der Atmungswege, damit sie wieder anfangen, auf den Atem zu achten. In unser Bewusstsein gelangt der Atem ebenfalls über die Empfindungen: Die Sensoren in den Schleimhäuten der Atmungsorgane melden das Vorbeifließen der Atemluft, die Sensoren in der Haut, im Muskelgewebe und in Häuten im Innern des Körpers vermitteln uns die starken und feinen Bewegungen des Rumpfs im Rhythmus der Atmung.

Ich habe einen dritten Schritt als sehr hilfreich erfahren: mir vorzustellen, dass die Stille, die Ruhe, die ich in der Meditation erreichen möchte, bereits in mir vorhanden ist, und zwar an einem körperlich bestimmbaren Ort. Wenn ich meine Aufmerksamkeit an diesen Ort lenke, wird daraus eine Einladung an die Ruhe, sich dort zu intensivieren und sich von dort auszubreiten: Sie beginnt sich auszudehnen, durchzieht meinen Körper und erfüllt mich als Person. Schließlich bestimmt sie mich immer stärker. Sie bildet in mir eine Art Raum, der immer stärker zum Raum der inneren Sammlung wird. Am Rande dieses Raums funkeln zwar noch Gedanken und Bilder, Ablenkungen und Einfälle, aber sie bleiben kraftlos in ihrem Abseits. In den letzten Jahren erlebe ich am meisten meinen Beckenboden oder meinen Oberbauch als Orte der Ruhe. Für andere ist es der Brustbereich, der Unterbauch (Hara) oder auch die Handflächen. Der Ort kann variieren. Entscheidend an diesem Übungsschritt ist meines Erachtens, dass wir die Erfahrung der Ruhe an den Körper binden.

Wer langsam geht …

GEHEN AM ORT

→ Stehen Sie bewusst, das Gewicht gleichmäßig auf die Füße verteilt. Heben Sie dann eine Ferse vom Boden ab, sodass nur noch die Zehen und der Fußballen den Boden berühren. Aber auch so trägt der Fuß das Gewicht mit.

→ Beginnen Sie dann ein langsames, bedächtiges Gehen am Ort: Während der eine Fuß wieder mit der ganzen Fußsohle Kontakt zum Boden bekommt, wird der andere Fuß auf die Fußspitze, die Zehen und den Fußballen gerollt.

→ Während Sie »schreiten«, halten Sie sich möglichst groß aufgerichtet. In dem Augenblick, da jeweils ein Fuß wieder auf die ganze Fußsohle abgestützt wird, lassen Sie sich beim entsprechenden Knie leicht einsinken, als ob Sie einen gewaltigen Schritt federnd auffangen müssten. Halten Sie das Gewicht gut auf beide Beine verteilt.

→ Variieren Sie während des Gehens das Tempo. Gehen Sie mal schneller, mal langsamer. Gegen Ende der Übung lassen Sie die Schritte immer langsamer werden, als ob Sie sie bewusst auskosten wollten.

→ Bleiben Sie fünf bis zehn Minuten im Gehen. Vermutlich haben Sie dann das Bedürfnis, Ihre Beine vorsichtig auszuschütteln. Geben Sie diesem Bedürfnis nach und schließen Sie dann mit einer kurzen Entspannung im Stehen.

Wenn ich meditiere, setze ich für diese drei Schritte etwa zehn Minuten ein. Auf diese Art wird der Raum der inneren Sammlung etwas Ganzheitliches, Lebendiges, ein pulsierendes Gefäß für den »Gegenstand«, dem ich mich in der Meditation zuwende, mit dem ich verweilen werde.

Ich meditiere gerne Begegnungen: Menschen, mit denen ich in Freundschaft verbunden bin, aber auch Personen, mit denen ich im Rahmen meiner beruflichen Tätigkeit zu tun habe. Oft spielen sich im Alltag Begegnungen unter einem ganz bestimmten Gesichtspunkt ab (gemeinsame Pläne und Aufgaben, Sorgen, Erlebnisse), auch unter einem gewissen Zeitdruck, sodass neben dem Hauptanliegen vieles unausgesprochen bleibt. Im geschützten Raum der Meditation, in diesem stillen Verweilen beim andern und mit dem andern, kann sich die meditierte Person in ihrer Ganzheit einstellen. In der Meditation wird mir bewusst, welcher Reichtum mir in der anderen Person entgegenkommt und was uns beide verbindet.

Es geht in der Meditation nicht darum, in die andere Person Themen und Phantasien hineinzuprojizieren oder sich einen Bezug auszumalen, der so gar nicht vorhanden ist. Im Gegenteil: Die gegenständliche Meditation nimmt wahr, lässt zu, verweilt bei dem, was ist, baut also auf sinnlich wahrgenommenen Erfahrungen auf. Ich habe schon oft erlebt, dass sich eine Beziehung klärt und vertieft, wenn ich in der Meditation einer andern Person Raum gebe. Es ist, als ob die in Sammlung »gemeinsam« verbrachte Zeit die Verbundenheit festigen würde.

Zur gegenständlichen Meditation zählt auch die Textmeditation. Gedichte, Aussagen von spirituell erfahrenen Menschen, Abschnitte aus der Bibel oder aus anderen heiligen Büchern können meditiert werden. Wichtig ist dabei, dass eine Textmeditation nicht zur Textproduktion wird. Es geht nicht darum, dass wir über einen Text nachdenken und am Ende der Meditation über den Text etwas aussagen können, dass uns etwas eingeleuchtet hat oder aufgegangen ist. Es geht vielmehr um die Zeit und das absichtslose Verweilen, um das einfache Aushalten des Textes: dass wir uns von ihm ansprechen und berühren lassen, dass er uns verändern kann.

Seit mehreren Tagen meditiere ich ein Gedicht von Philippe Jaccottet (*1925). – Er ist in Moudon und Lausanne aufgewachsen und lebt seit mehr als 50 Jahren in Grignan, Frankreich. – Ich habe mir für die Meditation bewusst den französischen Originaltext ausgewählt, zum einen weil er mir das künstlerische Ringen des Dichters stärker vermittelt als eine Übersetzung, zum andern weil die fremde Sprache in mir weniger Gedankengänge auslöst als vertraute deutsche Worte. So wird das Meditieren des Gedichtes zu einem Verweilen: in fremden Worten und ungewohnten Formulierungen. Das Gedicht übersetzt sich in mir in eine bestimmte Atmosphäre. Es sucht mein Einverständnis. Ganz langsam kommen, als eine Art Echo auf die Atmosphäre und das Einverständnis, eigene Worte. Manchmal entsteht sogar eine deutsche Fassung des Gedichtes. Da sie nicht beabsichtigt ist, variiert sie von Tag zu Tag, je nachdem welche Worte sich in der Meditation Raum genommen haben und mich bewegen.
Der Originaltext des Gedichtes lautet:

POIDS DES PIERRES, DES PENSÉES

Songes et montagnes
n'ont pas même balance

Nous habitons encore un autre monde
Peut-être l'intervalle[6]

Zur Zeit lebt in mir die folgende Fassung:

STEINE, GEDANKEN – UND IHR GEWICHT

Träume und Berge
brauchen eine je eigene Waage

Wir sind zu Hause noch in einer anderen Welt
Vielleicht auf dem Weg dorthin

Die Meditation eines Textes ist mehr als der Umgang mit Worten. Deshalb lässt sich sprachlich nur schwer wiedergeben, was das Gedicht in den letzten Tagen in mir ausgelöst hat:
→ Beides hat Gewicht, die Realität der Steine und der Berge, aber auch die Realität der Gedanken und der Träume, Gewichte, die nicht mit demselben Maß erfasst werden können.

→ Beides gehört zu mir: die Erdenschwere der Steine und Berge und das Leichte, Flüchtige der Gedanken und Träume.
→ Oft zwingt mich der Alltag, eindimensional zu sehen und zu leben: Vor mir der wuchtige Berg – auch der Berg der Verpflichtungen –, ich vergesse meine Träume und Sehnsüchte.
→ Die andere Welt, in der ich auch zu Hause bin oder zu Hause sein könnte: Ist mein Herz gemeint und seine Sehnsucht? Die Liebe und ihre Zärtlichkeit? Eine spirituelle Dimension?
Seit gestern läuft mir, über die Zeit der Meditation hinaus, die letzte Zeile des Gedichts nach. Philippe Jaccottet scheint mir darauf anzuspielen, dass wir Menschen uns angesichts der Widersprüchlichkeit oder der Mehrdimensionalität unseres Lebens unterschiedlich verhalten: Die einen Menschen leben ausschließlich in der einen oder anderen Welt, sei es in der handfesten Welt des Materiellen, sei es in der abgehobenen oder versunkenen Welt der Konzepte und Träume. Eine zweite Gruppe von Menschen bringt es fertig, in beiden Welten zu Hause zu sein. Sie versteht es, in einer gewissen Selbstverständlichkeit verschiedene Standpunkte einzunehmen und verschiedene Horizonte miteinander zu verbinden. Und es gibt eine dritte Gruppe von Menschen, die im *intervalle* – so das französische Wort – zu Hause sind; ihnen ist es aufgegeben, immer wieder den Weg zwischen den beiden Welten zu gehen, staunend, schmerzhaft, zweifelnd, ringend. Auf dem Weg in diesem Zwischenraum können sie vereinsamen, denn ihnen fehlt die Selbstverständlichkeit der beiden andern Gruppen.
Da ich gerne Bäume meditiere, stehen an mehreren Orten, in Gärten, Parks und Wäldern, Bäume, mit denen ich vertraut bin. Bäume zu meditieren bedeutet für mich, dass ich einen konkreten Baum aufsuche und mich bei ihm aufhalte. Über meine Sinne nähere ich mich seiner Realität: Ich betrachte ihn, höre auf die Geräusche seiner Blätter, rieche den Duft seiner Rinde, seiner Blätter und des Bodens um ihn herum, berühre ihn, lehne mein Gesicht, meinen Bauch oder meinen Rücken an seinen Stamm. Ich verbringe Zeit mit ihm. Erfüllt von solchen konkreten Sinneserlebnissen lasse ich in der Meditation den Eindruck wieder lebendig werden, den ich vom Baum empfangen habe. Manchmal stellt sich die Erfahrung ein, dem Baum verbunden zu sein, manchmal aber auch die Erfahrung der Fremdheit: Die anderen Lebensgesetze des Baumes werden

mir deutlich, seine Kraft, ohne uns Menschen auszukommen. Baummeditationen enden bei mir meistens in einem staunenden Respekt.

Als letztes persönliches Beispiel – die Reihe der Beispiele könnte seitenlang ausgedehnt werden – möchte ich die Meditation von Orten erwähnen. Orte: Für mich sind das sowohl gestaltete Innenräume (zum Beispiel Kirchenräume) als auch landschaftliche Räume, in denen ich mich auf meinen Wanderungen und Reisen aufhalte. Auch sie kann ich mir in der Meditation vergegenwärtigen und mich ihrer Struktur und ihrer Kraft öffnen. Wir alle kennen Lieblingsorte; wenn wir sie aufsuchen, tun sie uns gut, sie gleichen uns aus und kräftigen uns. Das kann mit einer Erfahrung zusammenhängen, die wir an diesem Ort gemacht haben, aber auch mit dem Gefüge des Ortes. Solche Orte können zu inneren Orten werden, die wir in der Meditation bewusst aufsuchen, weil wir im Alltag ihre Kraft benötigen.

Ich habe diesem Kapitel Sätze aus dem Tagebuch von Philippe Jaccottet vorangestellt. Sie halten fest, was er als die zentrale Aufgabe seines Dichtens betrachtet. Ich habe diese Sätze ausgewählt, weil sie für mich auch das Wesen der gegenständlichen Meditation hervorheben: ins Bewusstsein zu holen, was als köstliche und beglückende Erfahrungen unser Leben kennzeichnet. In der Lebensrealität gibt es beide Erfahrungsbereiche: neben den eindeutig positiven Erfahrungen gibt es auch die schmerzhaften und leidvollen. Sie zu bestehen und ins Leben zu integrieren, gelingt uns nur, wenn wir bei den guten Erfahrungen in die Lehre gehen, sie als Schätze ins Bewusstsein heben, sie vor Gott bringen – Philippe Jaccottet wählt religiös gefärbte Wörter, sodass die religiöse Dimension der Dichtung – in unserem Fall: die religiöse Dimension der Meditation – mitklingt.

Achtsam und respektvoll

Die gegenständliche Meditation bleibt nicht ohne Folgen. Deshalb empfehle ich sie im Zusammenhang mit unserem Thema der Verlangsamung. Wenn wir dank der Meditation wieder entdecken, welche Werte in den alltäglichen Erfahrungen verborgen sind, werden wir uns bald einmal dabei ertappen, dass wir auch während der Geschehnisse selbst auf neue Art und Weise sehen.

Es drängt uns, bereits in den Augenblicken der Begegnungen zu erfassen, mit wem wir zusammen sind und was zwischen uns spielt. Wir lesen Texte nicht mehr einfach herunter. Wir nehmen uns die Zeit, auch zwischen den Zeilen zu lesen. Es zieht uns stärker zu Texten, die uns zu einer solchen Lektüre einladen. Wenn wir mit Pflanzen, Bäumen und Tieren zu tun haben, respektieren und schützen wir sie in ihrer Eigenwelt. Wir staunen über das mögliche Zusammenspiel zwischen ihnen und uns. Wir nehmen wahr, welche Wirkungen Orte und Räume auf uns haben und wie wir Räume und Orte mitgestalten können, um die entsprechenden Wirkungen auszulösen bzw. zu verstärken.

Wenn von Achtsamkeit die Rede ist, ist eine Lebenshaltung gemeint, bei der sich eine wache Aufmerksamkeit nach außen wie auch eine Aufmerksamkeit nach innen die Waage halten, d. h. eine Aufmerksamkeit auf die Dinge, aber auch auf die Resonanz, die die »Gegenstände« in uns finden. Wenn wir ausgehend von der Meditation unser Erleben und Verhalten zu ändern beginnen, merken wir bald, dass wir auf viele Tendenzen nicht mehr ansprechen, auch wenn sie in den letzten Jahrzehnten populär geworden sind. Anstelle einer möglichst vielfältigen, abwechslungsreichen, effektvollen Unterhaltung mit dem Ziel der Ablenkung suchen wir Erfahrungen, die uns verweilen lassen, und Begegnungen, die zur »Zähmung«, zur Vertrautheit führen. Statt des überschnellen Wechsels mögen wir die Wiederholung, weil es im eigentlichen Sinn keine Wiederholung gibt. Wir verabschieden uns von der vielfach propagierten Erlebnishetze. Denn die gegenständliche Meditation ist ein Innehalten und fördert das Innehalten.

Die Meditation gewinnt durch die Wiederholung. Wenn ich vorhin von einzelnen Meditationen oder Meditationsgegenständen gesprochen habe, so ist dies so zu verstehen, dass die Meditation eines Textes oder einer bestimmten Person mehrfach wiederholt wird. Die Meditation entfaltet sich in der Wiederholung.

Meditation
UNENDLICHE ZEIT

Bevor Sie sich für die eigentliche Meditation hinsetzen, ist es dieses Mal wichtig, dass Sie sich Ihren Erinnerungen zuwenden. Suchen Sie nach einer Erfahrung, in der Sie, gewollt oder ungewollt, erlebt haben, dass sich die Zeit »ausdehnen« kann, an Intensität und Wert gewinnt, sich verdichtet – oder wie auch immer die Ausdrücke klingen, mit denen Sie eine besonders kostbare Zeit umschreiben. Vergegenwärtigen Sie sich diese Erfahrung – was hat damals alles mitgespielt, damit es zu dieser Erfahrung kommen konnte, und in welchem Augenblick wurde es Ihnen bewusst, die Zeit in einer besonderen Art und Weise zu erfahren?

➜ Nehmen Sie sich 20 bis 30 Minuten Zeit. Achten Sie darauf, dass Sie in dieser Zeit nicht gestört werden.
➜ Richten Sie sich in einer Meditationshaltung ein (auf einem Stuhl, Meditationsbänkchen, Sitzkissen), achten Sie darauf, dass Sie Ihr Becken ein wenig nach vorne kippen, damit Sie den Rücken ohne Anstrengung aufgerichtet halten können. Lassen Sie Ihre Hände offen auf den Beinen aufliegen oder legen Sie sie in der Höhe des Unterbauches offen ineinander.
➜ Lassen Sie sich zur Ruhe kommen, indem Sie Ihre Aufmerksamkeit auf den Körper lenken, etwa in der Form einer Körperreise: Achten Sie auf die Empfindungen, auf die Signale der Nahsinne, die in Ihr Bewusstsein kommen. Beginnen Sie bei den Händen, Armen und Schultern, fahren Sie fort mit den Füßen, Beinen und Gesäßbacken, anschließend mit dem Rücken, dem Nacken und der Kopfhaut, mit Ihrem Gesicht und der Vorderseite des Rumpfs. Lassen Sie sich Zeit für diese Körperreise, sodass sich Ihr Bewusstsein wirklich mit dem Körper verbindet und seine Ruhe immer stärker übernimmt.
➜ Nehmen Sie dann die Empfindungen wahr, die Ihnen die Atembewegung ins Bewusstsein bringen.
➜ Stellen Sie sich vor, dass irgendwo in Ihrem Körper ein Ort der Stille vorgegeben ist. Lenken Sie die Aufmerksamkeit an diesen Körperbereich, unabhängig davon, ob Sie diesen Ort der Stille schon mit Sicherheit kennen oder ob Sie ihn nur ahnen. Laden Sie durch Ihre Aufmerksamkeit die Stille ein, sich von diesem Bereich aus auszudehnen und Sie immer tiefer zu erfüllen.
➜ Sobald diese Stille sich ausgebreitet hat, öffnen Sie sich für diese Erfahrung der Intensivzeit, nach der Sie vorhin gesucht

und die Sie sich zurechtgelegt haben. Lassen Sie die Erfahrung von damals wieder lebendig werden, sinnenhaft plastisch. Lassen Sie auch das Gefühl wieder aufleben, das Sie damals erfüllt hat, als Sie merkten, wie ganz unterschiedlich Zeit erlebt werden kann.

→ Wenn die Erinnerung und das mit ihr verbundene Gefühl wieder abklingen, lenken Sie die Aufmerksamkeit wieder auf die Atembewegung, verweilen bei Ihrem Atem, um dann drei, vier Minuten später die Erinnerung und das mit ihr verbundene Gefühl nochmals aufleben zu lassen.

Falls sich die Sehnsucht einstellt, wieder dieselbe Erfahrung machen zu dürfen, und sich Ihnen eine konkrete Situation als Vorahnung anbietet, lassen Sie dies zu, ohne sich einem Nachdenken oder gar Planen zu überlassen. Geben Sie der Erinnerung den Vorrang.

→ Schließen Sie die Meditation ab, indem Sie mit einer Geste oder Bewegung Ihrer Hände und Arme Ihre Dankbarkeit für die meditierte Erfahrung, Ihre Dankbarkeit für die Zeit zum Ausdruck bringen.

Ganz Ohr

Ist die Welt wirklich Klang? Und wenn ja, inwiefern ist sie Klang? Inwiefern ist sie ein einziges, unvorstellbar großes kosmisches Musikinstrument? Ist auch die Struktur des Mikrokosmos mit ihren Elektronen und Photonen zuallererst Klang? Und sind auch Blattformen und Kristalle, menschliche und tierische Körper Klang? Ist auch das Wort und die Sprache vor allem anderen Klang? Sind wir selber Klang?

JOACHIM ERNST BERENDT

Falls Sie bisher wenig mit Meditation zu tun hatten, mag es Sie überraschen, welche Bedeutung die Sinneserfahrungen für die Meditation besitzen. Es kann beim Meditieren durchaus Augenblicke geben, in denen jegliche Tätigkeit der Fernsinne ausgeschaltet ist oder eine Distanz zu dieser Orientierung »nach außen« angestrebt wird, aber das sind seltene Momente. Sogar die tiefsten Erfahrungen, die Menschen in der Meditation geschenkt werden, können sie oft nur in Bezug zu Sinneserfahrungen beschreiben. Gemeint sind dann die »inneren« Sinne. Die Mystikerinnen und Mystiker sprechen davon, dass sie im Herzen berührt worden sind, dass sie ein Wort gehört haben, das sie zwar nicht wiedergeben können, dessen Klang aber sich jedem Zweifel entzieht, dass sie gesehen haben, dass Gott ihnen nahe war ... – ähnlich oder anders lauten die entsprechenden Formulierungen. Deshalb ist es folgerichtig: Menschen, die meditieren, entdecken wieder ihre Sinne und bekommen Lust, sie zu pflegen und sinnlicher zu leben. Auch der andere Schluss lässt sich ziehen: Wer ein reiches Sinnesleben pflegt, braucht Zeiten, in denen die Erfahrungen

nachklingen können, bewusste Momente des Innehaltens, Momente, die in ein Meditieren übergehen.
In einem Bildungshaus, in dem ich regelmäßig Kurse und Seminare leite, durfte ich vor Jahren an einem Seminar mitarbeiten, bei dem es um Gewürze ging. Im Mittelpunkt standen die Gewürze selbst, der Gewürzhandel und die Kulturgeschichte einzelner Gewürze. Ein für mich unvergesslicher Teil des Seminars bestand in der Schulung der Sinne, vor allem der Nase, zur verfeinerten Wahrnehmung der Gewürze. Zu Beginn hatte ich, wie die meisten andern Teilnehmenden auch, den Eindruck, alles – die verschiedenen Gewürze, die Reife- bzw. Qualitätsgrade eines Gewürzes, die Gewürzgemische – würde ungefähr gleich riechen. Zudem war ich sprachlich sehr hilflos: Für viele Düfte hatte ich gar keine Wörter. Im Rahmen der Schulung – immer wieder riechen, die Gerüche voneinander absetzen und differenzieren, den Geruch loslassen, sodass er einem nicht mehr in der Nase hing, und von Neuem riechen, ohne Wörter und mit Wörtern die Unterschiede klar auseinanderhalten – wurde meine Nase immer lebendiger, am Schluss sogar leicht stolz angesichts ihrer Fähigkeit, auf Geruchsnuancierungen einzugehen.
Die Sinne zu schulen verlangt Zeit. Unsere Sinne sind alles andere als schnell. – Diese Aussage stimmt nicht ganz, denn es gibt Wahrnehmungen und Reaktionen auf das Wahrgenommene, die sehr schnell ablaufen. Dies ist vor allem bei lebensentscheidenden Wahrnehmungen der Fall. Ich erinnere mich an eine Wanderung in der Auvergne, als ich vor mir auf dem Weg eine Schlange erblickte und instinktiv einen Schritt zur Seite sprang. Der Anblick der Schlange hatte die Bewegung ausgelöst, ich hatte bei der Bewegung gar nicht »mitreden« können.
Damit die Sinne ihre Kraft entfalten und die Wahrnehmung zur Sinneserfahrung wird, müssen wir ihnen jedoch Zeit und Raum geben; erst wenn sie sich mit den schon vorhandenen Erinnerungen verbinden und auf diesem Hintergrund ihre Einmaligkeit deutlich wird, werden sie für uns auch zu einer Kraftquelle. Sich auf die Sinne einzulassen, sie zu leben, löst oft einen tief greifenden Entwicklungsprozess aus. Die bewusste Beschäftigung mit den Sinnen ist deshalb ein guter Einstieg in einen neuen Umgang mit der Zeit.

FELDER DER STABILITÄT (3)

Die Übung baut auf den Übungen Felder der Stabilität (1) und (2) auf (siehe S. 37 bzw. 47). Sie ist nur sinnvoll, wenn Sie sich bereits mit genügend Zeit den vorangegangenen Übungen gewidmet haben.

Bei Felder der Stabilität (1) sind Ihnen verschiedene Felder der Stabilität vorgegeben worden: Beziehungen, Orte, Gegenstände, Rituale, Strukturen usw. Sie haben sich bereits mit den einzelnen Feldern auseinandergesetzt, die Ihnen zentralen Felder ausgewählt und in Felder der Stabilität (2) auch festgehalten, welchen Feldern Sie in der nächsten Zeit Ihre Aufmerksamkeit schenken wollen.

Die einzelnen Felder können nun auch unter dem Aspekt betrachtet werden, inwiefern sie nur von Ihnen und Ihrer Pflege abhängen und inwiefern diese Felder von anderen bestimmt oder mitbestimmt werden. Beziehungen zum Beispiel oder Gemeinschaften hängen nicht allein von Ihnen ab.

Nehmen Sie sich Zeit, Ihre Felder der Stabilität unter den folgenden Gesichtspunkten zu betrachten, und halten Sie fest, was Ihnen auffällt:

➜ Welche Ihrer Felder der Stabilität können Sie wesentlich mitbestimmen, welche sind Ihrem Einfluss weitgehend entzogen?
➜ Bauen Sie Ihre Stabilität auch auf Felder, die Ihnen niemand »nehmen« kann? Woran machen Sie fest, dass diese Felder die Ihren sind?
➜ Welche Möglichkeiten kennen Sie, gerade diese Felder der Stabilität zu pflegen, auszubauen und zu verstärken?

Donnert die Brandung oder schmatzt sie?

Ich wandere gerne; Wandern heißt: Ich bin mehrere Stunden unterwegs, oft alleine. Für meine Wanderungen suche ich abgelegene und kaum bewohnte Gebiete auf. In der Nähe meines Wohnortes bietet sich der Jura dafür an. Zu wandern hat für mich auch mit den Sinnen zu tun. Dabei mache ich immer wieder ähnliche Erfahrungen. Zu Beginn einer Wanderung ist mein Kopf normalerweise noch voll in Betrieb, die Gedanken lösen

sich lärmend ab und ich nehme kaum wahr, was am Wegrand, in den Wiesen und Wäldern, in den Gehöften, an denen ich vorbeikomme, zu sehen und zu hören ist. Es scheint sich zuerst einmal ausleben zu müssen, was mich beschäftigt und mir nachläuft.
In einer zweiten Phase verlieren diese Gedanken an Bedeutung, sie erlahmen; es ist, als ob sie sich – durch die Wiederholung? angesichts der Landschaft, die mich umgibt? – nicht mehr ganz ernst nehmen könnten und sich deshalb von der Bühne verabschieden würden. Es wird still in mir.
In einer dritten Phase wird die Stille, vielleicht hat sie reinigend und klärend gewirkt, zu einer Aufmerksamkeit, die wahrnimmt, und zwar sehr intensiv. Es ist dann, als ob ich nicht genug sehen, hören, riechen und auch berühren könnte, eine sehr beglückende Erfahrung.
Wahrnehmungen gewinnen für mich eine besondere Intensität, wenn sie eine einzelne Wahrnehmung bleiben, sich nicht vergleichen lassen, in mir schon gar nicht zu einem Vergleich tendieren. Der eine konkrete Baum will dann von mir betrachtet, dieser eine aktuelle Vogelruf gehört, das Blatt, das jetzt fällt, mit den Augen verfolgt werden. Das Gespür für ihre Einzigartigkeit verhindert, dass ich die Erfahrung einordne. Dieser Vorgang des Einordnens stellt sich im Zusammenhang mit den Sinnen oft ein und ist im Alltag, wenn wir »keine Zeit verlieren dürfen«, vielfach nützlich. Unsere Aufmerksamkeit ist schnell bereit, etwas als »nicht besonders interessant«, als »Dutzendware« einzustufen und routinemäßig zu erledigen. Die Aufmerksamkeit ist bereits der nächsten möglichen Erfahrung zugewandt, als ob sich das eben Wahrgenommene nicht lohnen würde.
Die Tendenz zum Vergleich und zur Einordnung, die Routine im Umgang mit den Sinnen, nimmt den Erfahrungen aber jegliche Kraft und Vitalität. Es ist, als ob wir bloß mit einer Erfahrungshülse zu tun hätten; sie nährt nicht und sie macht keine Lust, an den Erfahrungen dranzubleiben. Wir hantieren dann mit Begriffen, mit Wörtern, die wir von andern übernommen haben, die aber für uns nicht gefüllt sind.
Manchmal geschieht es auch, dass diese Einordnung bereits unter einem bestimmten Vorzeichen geschieht und von einer bestimmten Absicht gesteuert wird, zum Beispiel von den Fragen:

Nützt mir die Wahrnehmung? Kann ich vom Wahrgenommenen profitieren oder nicht? Kann ich das Wahrgenommene in die von mir bestimmte Welt integrieren oder nicht? Wer so wahrnimmt, erlebt nicht mehr, weder den Reichtum und die Fülle, noch das Befremdende und Beängstigende, sondern interessiert sich nur noch für die eigene Person. Die Lyrikerin Magdalena Rüetschi (*1923) hat im Gedicht *Auge* festgehalten, dass diese Art der Wahrnehmung einem Gefängnisblick entspricht. Mit diesem Blick verfügen wir nicht über die Freiheit, dem Wahrgenommenen wirklich zu begegnen.

AUGE
Das nach außen
gestülpte Organ
Auge
Grenzzone in der
eine innere Welt
die sichtbare
berührt

wenn doch
der Wächter
Ich
nicht
dazwischen träte
jetzt.[7]

Wenn es uns gelingt, bei der einzelnen Wahrnehmung zu bleiben, erfassen wir sie immer stärker in ihrer konkreten Besonderheit. Während einer Ferienwoche auf der Insel Usedom überließen wir uns, meine Frau und ich, bei unseren Gängen möglichst dicht an der Ostsee oft stundenlang dem Gehör. Wir nahmen die unterschiedliche Stärke, die Frequenz und den Zusammenprall der heran- und zurückfließenden Wellen übers Ohr wahr. Und wenn wir uns über unsere Erfahrungen austauschten, merkten wir, dass die Wörter, die uns zur Verfügung standen, selten das wiedergaben, was wir zu hören meinten. Wir mussten längere Beschreibungen und Wortspiele zu Hilfe nehmen, um den gehörten Nuancen nahezukommen.

Wenn wir uns auf die Sinne einlassen und die Sinne schulen, kommt es oft zur Erfahrung, dass wir eine Bewusstheit erreichen, die wortlos und dennoch sehr klar ist. Das kann am Anfang auch Angst auslösen, weil wir uns in unserer westlichen Kultur angewöhnt haben, unser Bewusstsein an die Sprache zu binden. Sprachlosigkeit und Wortlosigkeit erleben wir deshalb als Defizit. Aber es gibt eine Präsenz und eine Präzision, die nicht auf die Wörter angewiesen sind. Wie intensiv eine solche Erfahrung sein kann, zeigt sich im Vergleich mit der Kraftlosigkeit, die von Worthülsen ausgeht, wenn wir das Erlebte vorschnell mit einem rationalen Begriff abdecken, der letztlich nichtssagend ist.

Die Entscheidung, sich auf die Sinne einzulassen, hat mit einer Lebenseinstellung zu tun: mit der Bereitschaft, dem Leben Zeit zu gönnen. Denn Sinneswahrnehmungen können nicht beschleunigt, abgekürzt oder gar in einer distanzierenden Übersicht erledigt werden. Wer sich für die langsame Spur der Sinne entschieden hat, erlebt die Fülle und die eigene Lebendigkeit und übt das Glück.

Wichtig ist zudem, dass wir nicht von einer Sinneserfahrung zur nächsten rennen und auf diese Art eine Steigerung der Reize suchen. Besser ist es, Sinneserfahrungen zu wiederholen, sich den Sinn vertraut zu machen, sich selbst in der Wahrnehmung und Reaktion immer besser zu verstehen und den Sinnen auch zu erlauben, sich auszuruhen. Eine besonders bereichernde Erfahrung stellt sich dann ein, wenn wir einen bei uns stark entwickelten Sinneskanal durch einen anderen Sinneskanal bewusst unterstützen, sei es im direkten Erleben, sei es in der Erinnerung, wenn wir ein vergangenes Ereignis wieder lebendig werden lassen. An vielen Orten gibt es heute Restaurants, in denen man im Dunkeln isst und sich dadurch in die konkrete Erfahrung blinder Menschen versetzt. Wer sich auf dieses Experiment einlässt, wird sehr schnell merken, dass er die Augen vermisst, nicht nur im Hinblick auf die Raum- und Tellerorientierung, sondern auch im Hinblick auf die Mahlzeit selbst: Die Augen essen mit. Neben den Gerüchen spielen auch die Farben der Speisen und ihre Anordnung auf dem Teller eine einladende, appetitanregende Rolle. In einer Wahrnehmung sind fast immer

mehrere Sinne im Spiel; die »nur« unterstützenden Sinne dürfen nicht unterschätzt werden. Wie klingen Räume, die wir sehen? Wie riechen Menschen, denen wir die Hand geben?
Gelegentlich kommt es auch zu Übersetzungen: Die Erfahrungen, die wir im einen Sinneskanal machen, tauchen auch in einem andern auf, gleichzeitig oder als Übersetzung (Synästhesie). Solche Vorgänge können mit bestimmten Begabungen zusammenhängen: Jemand sieht Musik als eine Abfolge von Bildern und Farben. Für jemand anderen setzt sich ein Gesicht in Worte oder Klänge um. Manchmal benutzen Dichter und Dichterinnen in ihren Texten bewusst Wortkombinationen, die eine solche Verschmelzung der Sinneswahrnehmungen nahelegen.

Wer langsam geht …

■ ENTFALTUNG AUF KLEINEM FUSS

→ Lassen Sie sich bewusst stehen, das Gewicht gleichmäßig auf beide Füße verteilt.
→ Fassen Sie mit Ihren Händen Ihre Arme. Je nach Länge Ihrer Arme fasst die rechte Hand den linken Ober- oder Unterarm, die linke Hand den rechten Ober- oder Unterarm.
→ Heben Sie dann Ihre Arme in einer sehr langsamen Bewegung, bis schließlich die Oberarme senkrecht stehen und sich Ihr Kopf zwischen den Oberarmen befindet, die Unterarme oberhalb Ihres Kopfes übereinandergelegt.
→ Lösen Sie den Griff Ihrer Hände, sodass die Bewegung Ihrer Arme weitergeht: Arme und Hände sind schließlich nach oben gedehnt und kehren seitwärts in einem langsam vollzogenen Bogen zurück.
→ Die Hände fassen wiederum die Arme und die Bewegung beginnt von Neuem.
→ Sobald Ihnen die Bewegung der Arme vertraut ist, verlagern Sie das Gewicht auf einen Fuß; den andern Fuß stützen Sie nicht mehr ab. Sie können die Ferse des »unnötigen« Fußes an die Innenseite des Fußknöchels des Standbeins stellen, die Fußspitze bleibt in einem leichten Bodenkontakt. Oder Sie stützen die Fußsohle gegen die Innenseite des Knies oder betten den Fuß in die Leistengegend.
→ Wechseln Sie nach einer Zeit das Standbein und vollziehen

Sie die Übung auch auf dem anderen Fuß.
→ Genießen Sie bei dieser Übung die Spannung zwischen der kleinen Standfläche der einen Fußsohle und der weiten Entfaltung der Armbewegung im oberen Bereich des Körpers.

Sinnliche Begleiter

Wenn wir uns in der gegenständlichen Meditation auf Sinneswahrnehmungen einlassen – sei es direkt, etwa in der Meditation eines Baumes, sei es über die Erinnerung, indem wir frühere Wahrnehmungen wieder aufsteigen lassen –, können diese Meditationen zu Beginn ungewohnt lebendig, vielleicht sogar unruhig ausfallen. Wiederholen wir sie, werden sie ruhiger und einfacher, sie verbinden sich stärker mit den Nahsinnen. Es ist dann möglich, in einer Sinneswahrnehmung zu verweilen, sie in ihrer Qualität als Kraftquelle zu erleben.

Ist es Ihr Wunsch, wieder bei den Sinnen anzukommen und über die Sinne Ihrem Leben einen tragenden Rhythmus zu geben? Erlauben Sie sich eine Zeit der Entspannung, eine Viertelstunde oder eine halbe Stunde! Legen Sie sich an einem Ort, an dem Sie nicht gestört werden, bequem auf ein Bett oder eine Matte. Stellen Sie sich darauf ein, dass die Entspannung nicht dazu dient, dass Sie in den Schlaf abtauchen. – Merken Sie, dass Sie zu schläfrig sind, wählen Sie für die Entspannung lieber einen Stuhl, denn es ist wichtig, dass Sie nicht einschlafen. – Lassen Sie im Liegen Ihren Körper los. Achten Sie darauf, wie das Bett oder der Boden Ihren Körper trägt. Lassen Sie sich auf dieses Tragen ein, indem Sie passiv werden, passiv in dem Sinn, dass Sie Ihren Körper nicht mehr durch die Muskelanspannung halten.

Sobald Sie merken, dass Ihr Körper gut liegt und allmählich zur Ruhe kommt, richten Sie die Aufmerksamkeit auf die Atembewegung. Setzen Sie die Vorstellung ein, für eine bestimmte Zeitspanne nichts anderes mehr sein zu wollen als Atemraum. Bleiben Sie passiv, passiv in dem Sinn, dass Sie nicht mehr aktiv atmen, sondern die Atembewegung mit Ihrem Körper spielt, Ihren Körper bewegt.

Sobald Sie merken, dass die regelmäßige Atembewegung Ihre Ruhe noch vertieft und der gewohnte innere Betrieb auf Distanz geht, begeben Sie sich ins Schatzhaus Ihrer guten und wertvollen

Erfahrungen. – Für den konkreten Vollzug der Entspannungsübung kann es von Vorteil sein, wenn Sie bereits vor dem Beginn der Übung für sich festlegen, auf welche Erfahrung Sie zurückgreifen werden. – Wählen Sie eine Erfahrung aus, von der Sie wissen, dass es Ihnen gut tut, sich in ihr aufzuhalten. Lassen Sie die Erfahrung über die Sinne lebendig werden, die damals mitgespielt haben. Achten Sie darauf, dass die erinnerten Wahrnehmungen einfach bleiben, dass Sie sich in den Wahrnehmungen aufhalten und nicht über die Wahrnehmungen nachdenken. Mir persönlich gelingt diese Form der Entspannung leicht, wenn ich mir einen Raum vergegenwärtige, in dem ich mich sehr wohlgefühlt habe. Das kann mit seinen Proportionen zusammenhängen oder mit der Geschichte, die die Atmosphäre des Raums geprägt hat, oder aber mit dem, was ich in ihm erlebt habe. Eine große Hilfe ist mir auch, einen mir wertvollen Menschen zu vergegenwärtigen und aus der Erinnerung seine Nähe aufzubauen. Wenn uns ein bestimmtes Wort oder eine bestimmte Berührung verbindet, versuche ich zu hören bzw. zu spüren, wie dieses Wort oder diese Berührung als Erinnerung in mir lebt. – Für jede Person sind es wieder andere Erfahrungen, die die Entspannung vertiefen können.

Lassen Sie die Wahrnehmung groß werden. So wie die Unterlage Sie trägt und der Atem Sie erfüllt, lassen Sie sich von der erinnerten Wahrnehmung erfüllen oder einhüllen – je nachdem, welcher bildhafte Ausdruck mehr für Sie stimmt. Wenn die Kraft der Erinnerung nachlässt, verweilen Sie mit der Aufmerksamkeit eine Weile bei der Atembewegung und lassen sich dann ein zweites Mal auf die Erfahrung ein. Wenn sich die Erinnerung auflöst, bleiben Sie noch etwas liegen, spüren Sie nach, was in Ihnen wach geworden ist.

Modellhaft zeigt diese Entspannung, was sich auch in der Meditation einstellen kann und was viele von uns als gute, kraftvolle Erinnerungen im Alltag kennen. Wir brauchen solche Erinnerungen. An ihnen können wir uns festhalten und orientieren, wenn der aktuelle Alltag schmerzhaft und desorientierend über uns hereinbricht. Wir brauchen sie, damit wir nicht aus dem vertrauensvollen Rhythmus fallen, der unser Leben wertvoll macht.

AUFGEHOBEN

Bevor Sie sich für die eigentliche Meditation hinsetzen, ist es wichtig, dass Sie sich Ihren Erinnerungen zuwenden. Suchen Sie nach einer Erfahrung der Geborgenheit: geborgen an einem Ort oder geborgen bei einem Menschen oder geborgen … Ganz unterschiedliche Erfahrungen können uns Geborgenheit schenken. Wählen Sie eine Erfahrung aus und vergegenwärtigen Sie sich, was damals mitgespielt hat, damit Sie die Erfahrungen machen konnten. Und lassen Sie sich bewusst werden, welche Sinneswahrnehmungen damals für Sie wichtig waren.

➔ Nehmen Sie sich 20 bis 30 Minuten Zeit. Achten Sie darauf, dass Sie in dieser Zeit nicht gestört werden.
➔ Richten Sie sich in einer Meditationshaltung ein. Ihr Becken ist leicht nach vorne gekippt, der Rücken aufgerichtet und doch entspannt, die Hände liegen offen auf den Beinen oder vor dem Unterbauch.
➔ Lassen Sie sich zur Ruhe kommen, indem Sie Ihre Aufmerksamkeit auf den Körper lenken, etwa in Form einer Körperreise – achten Sie auf die Empfindungen, auf die Signale der Nahsinne, die in Ihr Bewusstsein kommen: Hände, Arme, Schultern, Füße, Beine, Hintern, Rücken, Nacken, Kopfhaut, Gesicht, Körpervorderseite.
Bleiben Sie bei den Empfindungen, aber achten Sie verstärkt auf die Empfindungen, die Sie über die Atembewegungen, die Auswirkungen des Atems im Körper informieren.
Lenken Sie die Aufmerksamkeit dann zu jenem Körperbereich, an dem Ihre Stille zu Hause ist. Lassen Sie die Stille sich ausdehnen, in Ihrem Körper, in Ihrem Bewusstsein, im Raum um Sie herum.
➔ Öffnen Sie die Stille dann für die Erfahrung der Geborgenheit, die Sie als Erinnerung wieder lebendig werden lassen. Vergegenwärtigen Sie sich Ihre Erfahrung über die Sinneswahrnehmungen, die damals wichtig waren und die Sie auch jetzt über Ihr Körpergedächtnis abrufen können. Achten Sie darauf, welche Gefühle in Ihnen wach werden.
➔ Wenn die Erinnerung und die mit ihr verbundenen Gefühle

abklingen, lenken Sie die Aufmerksamkeit wieder auf die Atembewegung: Verweilen Sie bei und mit Ihrem Atem. Wenn Sie wollen, lassen Sie später die Erinnerung ein zweites und ein drittes Mal lebendig werden.

→ Schließen Sie die Meditation ab, indem Sie mit einer Geste oder Bewegung Ihrer Hände und Arme Ihre Dankbarkeit für die meditierte Erfahrung, Ihren Dank für die Geborgenheit zum Ausdruck bringen.

Zeilenweise

Das Leseglück bietet, für einen vergleichsweise bescheidenen Aufwand, eine seltene Mischung von Bei-sich- und Außer-sich-Sein, einen Zustand höchster Wachheit und ruhiger Entspannung. Ausgetrickst der Alltag, die Zeitmaschine, der Nützlichkeitswahn. Einzige Bedingung, dass sich der Leser auf das Gelesene einlässt und die eigene Imagination betätigt. Zuviel verlangt?

ILMA RAKUSA

Ich lese gern und regelmäßig. Das ist sicher durch die eine und andere Bemerkung in den vorangegangenen Kapiteln bereits deutlich geworden. Wenn ich im Folgenden nun ausführlicher auf das Lesen eingehe, so hat das seinen Grund: Lesen verlangsamt. Es verlangt eine Aufmerksamkeit, die uns aus dem Alltagsrhythmus herausholt und uns von den Zwängen der Betriebsamkeit befreit. Ein Buch ist eine Welt für sich.
Die Lyrikerin Magdalena Rüetschi hat für das Lesen von Gedichten ein eigenartiges Bild gefunden. Es hebt die aktive Beteiligung des Lesers hervor: Der Leser hat zu graben, schreibt sie, und zwar dort, wo nichts steht, im Freiraum des Textes. Ihr Gedicht lautet:

LEERRÄUME
Zwischen
den Zeilen
zwischen
den Worten

Leerräume
freies Land
nein
kein Ruheplatz
du musst
graben darin[8]

Dass eine Seite nicht mit Buchstaben, Wörtern, Sätzen, Text überfüllt ist, ist eine Einladung, aktiv zu werden, den Text auszutragen, ihn ausreifen zu lassen, ihn sich anzueignen. Mit den »Leerräumen« und dem »freien Land« macht sie auf die Eigenheit der lyrischen Sprache aufmerksam: Der Autor eines Gedichts nimmt, verglichen mit einem Sachbuch oder einem Roman bzw. einer Erzählung, die Sprache mengenmäßig zurück, verdichtet sie aber, was der Sprache oft den Charakter der Offenheit, der Mehrdeutigkeit gibt. Ein Vorgang, der die Aufmerksamkeit des Lesers herausfordert. Das Wort »graben« legt eine Schatzsuche nahe: Da will jemand in die Tiefe kommen.
Und nebenbei: Gerade dank der Mehrdeutigkeit der bildhaften Sprache kann ich das Gedicht von Magdalena Rüetschi nicht nur als Anweisung für die Gedichtlektüre, sondern auch im Zusammenhang mit dem Thema dieses Buches lesen: Nicht dort, wo wir uns einspannen und auf Tempo bringen lassen, sondern in den Freiräumen, in den Leerräumen der Muße, in den Augenblicken, da scheinbar nichts geschieht, geschieht das Eigentliche – wenn wir bereit sind, uns darauf einzulassen.

Buchwelten

Wer einen Roman aufschlägt, entscheidet sich für eine andere Welt. Mindestens für bestimmte Zeitphasen steigen wir als Lesende aus unserer gewohnten Alltagswelt aus, überlassen uns dem Denken und Handeln der Romanfiguren und werden vom Erzählfluss mitgezogen. Wenn wir einen Autor oder eine Autorin mögen, einen Roman mehrfach lesen, das Ende des Buches hinauszögern, so liegt das meistens am Erzählfluss. Das Tempo, in dem erzählt wird, die Mischung von Handlung und Reflexion, der Rhythmus, in dem die Handlungsbögen zum Abschluss kommen, die Deutlichkeit oder Offenheit, mit der die Personen gezeichnet werden, dies alles entspricht uns und bietet vielleicht sogar einen wohltuenden Kontrast zum Fluss unseres eigenen Lebens, in dem die Dinge sich überstürzen und keine Zeit zur Reflexion bleibt.

Was unseren Alltag hektisch macht, sind die sogenannten Notwendigkeiten. Was wir nicht alles als notwendig erachten! Oder meinen, dass andere es im Hinblick auf uns als notwendig erachten! Wenn wir lesen, unterliegen wir einer Zauberkraft: Das Buch zaubert alles weg, was uns vorher noch notwendig schien. Es setzt eine ganz andere Erlebniswelt an die Stelle dessen, was vorher unumgänglich schien.

Ich mag Gedichte, weil mir bei ihrer Lektüre diese Zauberkraft noch stärker begegnet. Ein möglicherweise nur kurzer Text fesselt mich durch seine bildhafte Sprache. Eine durch Bilder geprägte Sprache rührt mich auf der seelischen Ebene an, lässt meine Gefühle mitschwingen, schenkt mir dadurch eine tiefere Sammlung, als sie oft im Alltag möglich ist.

Im Gegensatz zu früheren Epochen der Literatur, in denen die Dichter ihr Können durch einen imposanten Sprachreichtum zum Ausdruck brachten, gesucht und gewählt formulierten, tendieren heute viele Lyrikerinnen und Lyriker eher zur Knappheit. Wer weglässt und auf Worte verzichtet, wertet zugleich die Worte auf, die noch bleiben; oder anders gesagt: Wenn die bleibenden Worte tragkräftig und stimmig genug sind, kann auf zusätzliche Worte verzichtet werden. – Auch in diesem Sinn bildet das Gedicht eine Gegenwelt zum Alltag, wo wir uns mit Sprache überhäufen, damit sie überhaupt noch etwas sagt, wo wir unser Sprechen verdrei- und vervierfachen, damit es überhaupt Aufmerksamkeit und Bedeutung erlangt.

Ein drittes Element spielt bei Gedichten eine Rolle, eine Art struktureller Verknüpfung. Der Gedichttext erhält auch dadurch eine besondere Dichte, dass einzelne Wörter durch klangliche Übereinstimmungen oder rhythmische Muster miteinander verbunden sind. Das gibt dem Text einen Eigenwert und zeichnet ihn zusätzlich zu dem aus, was er uns inhaltlich zu sagen hat. – Beim oben angeführten Gedicht von Magdalena Rüetschi zum Beispiel sind die beiden Aussagen in den ersten vier Zeilen durch dasselbe rhythmische Muster geprägt, ebenso die vier letzten

Zeilen. Die beiden Zeilen in der Mitte des Gedichtes – »Leerräume / freies Land« –, wo das Titelwort noch einmal wiederholt und dann gedeutet wird, fallen auch rhythmisch auf: Jede der beiden Zeilen muss für sich gelesen werden. Durch den Rhythmuswechsel bekommen sie ihr Gewicht.
Diese Elemente der lyrischen Sprache verlangen eine besondere Aufmerksamkeit von uns, die Haltung des Schatzsuchers, wie wir gesehen haben. Die Haltung der alltäglichen Eile wird einem Gedicht nicht gerecht.

▲ SAGE MIR, WAS DU LIEST …

Haben Sie im Zusammenhang mit diesem Kapitel Lust, über Ihre Lektüre und Ihre Bücher nachzudenken? Gehen Sie zum Beispiel den folgenden Fragen und Impulsen nach:

→ Erinnern Sie sich noch an ein Buch, das Ihnen in Ihrer Kindheit wichtig war? Wodurch bekam es seine Bedeutung: durch das Thema, die Bilder, die Person, die es Ihnen vorgelesen, gezeigt oder geschenkt hat?

→ Gab bzw. gibt es Bücher, die Sie mehrfach lesen? Was muss ein Buch ausmachen, damit Sie es mehrfach lesen?

→ Welche Bücher gehören in Ihre Nächte, sei es, dass Sie wegen der Lektüre den Schlaf vergessen, sei es, dass Ihnen das Buch hilft, in den Schlaf zu finden?

→ Achten Sie bei Ihrer Lektüre auf bestimmte Autoren bzw. Autorinnen, die Sie bevorzugen, oder achten Sie mehr auf die Themen?

→ In Universitätsbibliotheken oder in Seminarräumen kennt man die Einrichtung einer Handbibliothek. Darunter versteht man eine Auswahl von Büchern zu einem ganz bestimmten Thema, das aktuell im Rahmen von Vorlesungen oder Seminaren behandelt wird. – Stellen Sie sich eine Handbibliothek aus jenen fünf Büchern zusammen, die Sie jetzt begleiten oder begleiten sollten.

→ Gestalten Sie einen Leseabend, an dem Sie sich selbst bedeutsame, prägende Stellen aus den Ihnen wichtigen Büchern vorlesen.

Was ich über die Gedichte und das Lesen von Gedichten geschrieben habe, möchte ich mit ein paar Beispielen illustrieren. Da es mir schwerfällt, unter den Lyrikerinnen und Lyrikern, die mir vertraut sind, eine Auswahl zu treffen, mache ich es mir einfach, indem ich mich für einen Autor entscheide, mit dem ich mich in den letzten Wochen beschäftigt habe: Robert Lax.
Robert Lax wurde 1915 in Olean (New York) geboren, dort starb er auch im Jahre 2000, kurz vor seinem 85. Geburtstag. Wichtig wurde für ihn die Studienzeit an der Columbia University. In dieser Zeit entstanden Freundschaften, die ihn prägten und die er prägte, Freundschaften, die ihn auch in den späteren Jahrzehnten begleiteten, zum Beispiel mit Thomas Merton, Edward Rice, Ad Reinhardt. Nach dem Studium nahm er verschiedene Jobs an (DJ, Mitarbeiter an Rundfunkanstalten, Erzieher, Journalist, Filmkritiker, Redakteur von Zeitschriften, Verfasser von Drehbüchern, Dozent) und wechselte oft den Wohnort. Im Laufe der Jahre bekam das Schreiben für ihn immer mehr Bedeutung, er schrieb als Journalist, führte regelmäßig Tagebuch und veröffentlichte Gedichte.
Robert Lax war jüdischer Herkunft. 1943, fünf Jahre nachdem sein Freund Thomas Merton sich hatte taufen lassen und zwei Jahre nachdem dieser in das Trappistenkloster von Gethsemani (Kentucky) eingetreten war, trat auch Robert Lax zum katholischen Glauben über. Die spirituellen Themen sollten ihn sein Leben lang nicht mehr loslassen.
In den Jahren 1950 bis 1963 war er viel unterwegs, als Journalist und als Dichter, hauptsächlich in Europa, 1964 beschloss er, sesshaft zu werden. Die Jahre bis zu seinem Tod lebte er in ganz einfachen Verhältnissen auf griechischen Inseln: Lesbos, Kalymnos und Patmos. Obwohl er international immer mehr Anerkennung fand und sich dem Kontakt mit anderen nie entzog, schätzte er es, zurückgezogen zu leben und sich den Themen widmen zu können, die ihm wesentlich waren.

»Manchmal begeben wir uns auf eine Suche
und wissen gar nicht, wonach wir Ausschau halten,
bis wir wieder zu unserem Anfang kommen.«[9]

Suche, Nicht-Wissen, Ausschau, Anfang: Worte, die in ihrer Weite und Eindringlichkeit nicht nur für Robert Lax' eigene Lebensgeschichte zutreffen, sondern für jeden und jede von uns. Eines Tages merken wir, dass wir innerlich bereits aus dem Ungenügen des Alltags aufgebrochen sind. Möglicherweise ist unsere Suche noch gar nicht auf ein Ziel ausgerichtet, vielleicht sind wir von einem Ziel angezogen, von dem wir bewusst noch gar nichts wissen.

Robert Lax hat diesen Text an den Anfang eines Gedichtbandes gestellt, in dem er die Zirkuswelt porträtiert, konkret: die Welt des Cristiani-Familien-Zirkus. Als Journalist hatte er diesen amerikanischen Zirkus kennengelernt. 1949 reiste er bei einer Kanada-Tournee mit. In seinen Zirkus-Gedichten, die kurz nach dieser Tournee entstanden, feierte er die Artisten als Verkörperungen der göttlichen Schöpfungskraft. In ihrer perfekten Körperbeherrschung, Behendigkeit und Schönheit, in ihrer Mischung von hartem Training und Leichtigkeit im Augenblick des Auftritts waren die Artisten für ihn auch Vorbild. So wollte er leben und schreiben.

Die »Leerräume/freies Land« dieses Gedichtes setzen mir die Aufgabe, mich mitzulesen und bei mir nachzufragen, welches Ziel, welcher Lebenssinn in meiner Biografie über all die Jahre mitschwingt. Von welchem Anfang komme ich her, welcher Anfang holt mich immer wieder ein: mit seiner Not, mit seiner Kraft?

Robert Lax wuchs in einer jüdischen Familie auf. So war ihm sicher das Schöpfungsgedicht vertraut, mit dem die Bibel beginnt: »Am Anfang schuf ...« Liegt seiner Meinung nach unser Anfang in jenem Anfang verborgen, im schöpferischen Tun Gottes? In jener Freude und Bejahung, mit der jede Strophe des Schöpfungsgedichts abgeschlossen wird: »Und Gott sah, dass es gut war ...«? Solche Hintergründe spielen mit, denn der zweite Text der Zirkus-Gedichte, eine Art Prosagedicht, bleibt beim Thema des Anfangs.

»Am Anfang – am Anfang der Zeit, um nicht mehr
zu sagen – waren Kompassnadeln: Sie drehten im
Leeren, ihre Füße schufen eine Spur aus Anfängen und Enden,

Anfang und Ende in einer einzigen Linie. Und die Weisheit tanzte
ihre Kreise, denn darin bestand ihre königliche Macht: die Sonne
wirbelte, Welten drehten sich, die Jahreszeiten kreisten, und
alle Dinge zogen ihre Runden. Aber am Anfang
waren Anfang und Ende eins.

Und am Anfang war die Liebe. Die Liebe schuf eine Sphäre:
In ihr entstanden alle Dinge; dann umfasste die Sphäre
Anfänge und Enden, Anfang und Ende. Die Liebe
besaß einen Kompass, dessen Drehtanz im Leeren
schuf eine Sphäre von Liebe: in ihrer Mitte
brach eine Quelle auf.«[10]

Ein lyrischer Text, der von vertrauten und weniger vertrauten Bildern lebt. Mir scheinen vier Bildbereiche im Vordergrund zu stehen – für die Deutung des menschlichen Lebens, so wie Robert Lax es in den Zirkusartisten gespiegelt sah, und für die Deutung unseres eigenen Lebens:

Das Bild der Kompassnadeln: Im Normalfall orientieren sie sich an der Nord-Süd-Achse; hier im Gedicht fehlt noch die definitive Orientierung, die Kompassnadeln drehen. In ihrer Ausrichtung setzt die Kompassnadel zu einer Bewegung an – »Anfang und Ende in einer einzigen Linie« –, die hier allerdings nicht an ihr Ziel kommt, deshalb fallen Anfang und Ende zusammen.

Das Bild des Kreises: Nicht die geradlinige Bewegung bestimmt den Anfang, sondern die Kreisbewegung, die zyklische Bewegung, die Bewegung der tanzenden Weisheit. – Robert Lax hat sich von einem Abschnitt des biblischen Buches der Sprichwörter (Spr 8,22–31) inspirieren lassen, wo die spielende und tanzende Frau Weisheit vorgestellt wird. – Innerhalb dieser Kreisbewegungen sind dann auch die Kompassnadeln und ihr Drehtanz aufgehoben.

Das Bild der Liebe: Wenn die schöpferische Kraft der Liebe tätig wird, wird aus der Kreisbewegung ein Lebensraum, in dem man sich entfalten und schöpferisch wirken kann – die Artisten im Rund der Manege, wir im Rund unseres Alltags.

Das Bild der Quelle: Im Lebensraum der Liebe bricht eine weitere Kraft auf, die Robert Lax in diesem Gedicht nicht weiter beschreibt. Ist es die göttliche Liebe? Ist es die unerschöpfliche Quelle der göttlichen Energie? Ist es der Charme, den er bei den Artisten immer wieder hervorhebt, dieser Glanz, der etwas Göttliches ahnen lässt?

Ein Text, der an Bildern und Anspielungen so reich ist, lässt sich unterschiedlich lesen und aufnehmen. Ich möchte das Gedicht nicht mit einer Deutung festlegen, nur kurz andeuten, in welcher Hinsicht es für mich selbst Bedeutung bekommen hat. Für mich ist es zu einem Gedicht des Vertrauens geworden; statt auf die in meinem Leben immer wieder mal desorientierten Kompassnadeln zu starren, achte ich mehr auf die zyklischen Bewegungen (»bis wir wieder zu unserem Anfang kommen«), gedulde mich mit Neuanfängen und Wiederholungen und vertraue dem großen, weiten Lebenskreis der Liebe, in dem auch meine Lebensbewegung geborgen ist.

Vertikal – ein Text zwischen oben und unten

Robert Lax hat mit der Sprache, ähnlich wie mit seinem Leben, experimentiert. Er hat versucht, möglichst dicht an seine Gedankengänge heranzukommen, an ihre Verflechtung und an ihre Abbrüche, aber auch an Gedankensplitter und unvermittelte Gedankenblitze. Er kam mit immer weniger Worten aus und wiederholte diese Worte mehrfach. Wenn wir in seinen Büchern auf solche Gedichte stoßen, befremden sie. Was soll die fünffache Wiederholung eines Wortes? Wenn wir auf Tonbandaufzeichnungen oder in Filmen Robert Lax diese Texte lesen hören, wird hörbar: Dasselbe Wort kann bejahend, zweifelnd, sehnsüchtig, traurig, zweifelnd, suchend, verkostend gelesen werden. Er las seine Texte sehr bedächtig und ließ den Worten Raum. Sie sollten nachwirken können. – Welche Gefühlsfolge geben wir dem wiederholten Wort?

In seinen Experimenten entdeckte er, der gerne zeichnete, eine grafische Möglichkeit, den Leser in der Aufnahme der Texte zu bremsen und zu entschleunigen: Er ordnete die Gedichte vertikal an und löste die einzelnen Worte zudem noch in Silben auf.

So sieht ein Gedicht in seinen *Notes* – und eine mögliche Übersetzung – folgendermaßen aus:

not	su
so	che
much	nicht
	so sehr
find	
ing	nach
a	dem
path	weg
in	durch
the	den
woods	wald
as	suche
find	viel
ing	mehr
a	einen
rhythm	rhythmus
to	um
walk	voran
in[11]	zu gehen

Dieses Gedicht, dieses Lebensmotto spricht mich an, weil es mit den Überlegungen zusammengeht, die in einem früheren Kapitel formuliert wurden: Es geht beim Thema der Verlangsamung nicht so sehr um den einen oder den andern Weg, um das Austricksen der Alltagsrealität, es geht vielmehr darum, den eigenen Rhythmus zu finden. In ihm – manchmal langsamer, manchmal schneller, ganz individuell – verfügen wir über die Kraft, den Alltag zu meistern.

Robert Lax hat in unterschiedlichen Zusammenhängen das Thema der Zeit und des Umgangs mit der Zeit aufgegriffen. In der Sammlung *Twenty-five Episodes,* es handelt sich um kurze, knapp und salopp erzählte Vorfälle, befindet sich ein Text, der die menschliche Sehnsucht nach möglichst viel Zeit hinterfragt. Gehört es nicht zu uns Menschen, dass unsere Zeit bemessen ist? Wir kennen zwar das Maß nicht, aber wir wissen um die Begrenztheit der Zeit.

der engel kam zu ihm & sagte

entschuldige, chef, aber
wir sprachen darüber
im himmel
und du wirst nun

ein jahrtausend
leben müssen[12]

Finden oder gefunden werden?

Kann die Beschäftigung mit literarischen Werken, insbesondere die Lektüre von Gedichten tatsächlich eine Hilfe sein, dem Druck der Alltagsverpflichtungen und ihrer Tendenz zur Beschleunigung und Oberflächlichkeit etwas Gehaltvolles und ebenfalls Gewichtiges entgegenzusetzen?
Ich weiß nicht, ob die paar Beispiele aus dem umfangreichen Werk von Robert Lax für Sie einladend genug waren, um in diese Erfahrung zu kommen. Denn der literarische Geschmack ist unterschiedlich. Und die Leichtigkeit im Umgang mit lyrischen Texten stellt sich nicht sofort ein, wenn nicht bereits eine grundsätzliche Freude an Gedichten vorhanden ist.
Vielleicht ist es gut, wenn Sie sich an Ihre Lektüre zurückerinnern. Gab es früher Gedichte, bei denen Sie gerne verweilten, von deren Sprache für Sie eine bindende und verwandelnde Kraft ausging? Knüpfen Sie bei diesen Gedichten wieder an. Vielleicht war es auch das Thema, das Sie gefesselt hat. Suchen Sie dann nach weiteren Gedichten zu diesem Thema. Oft bieten Sammlungen, in denen Gedichte von verschiedenen Autoren und Autorinnen zusammengestellt sind, einen guten Einstieg in die Gedichtlektüre. Sie können sich dann die Lyrikerinnen und Lyriker merken, die Sie besonders ansprechen.

Auch auf die Gefahr hin, nochmals einseitig zu sein, möchte ich einen zweiten Lyriker vorstellen, dessen kurze Gedichte mir ebenfalls eine Welt anbieten, in der ich zur Ruhe komme und den Rhythmus wechseln kann: Cyrus Atabay. Er wurde 1929 in Teheran geboren, in eine Familie, die während der Schah-Herrschaft eine einflussreiche Rolle spielte. Den kulturellen Interessen des Vaters entsprechend verbrachte Cyrus Atabay bereits einen Teil seiner Schulzeit in Deutschland und in der Schweiz. Die deutsche Sprache wurde so zu seiner eigenen Sprache, dass er auf Deutsch zu dichten begann. Er veröffentlichte mehrere Gedichtbände und übersetzte Werke der klassischen persischen und der modernen iranischen Literatur, auch Werke der islamischen Mystik. Weder zur Zeit der Schah-Regierung noch im aktuellen Iran erhielt er als sehr frei- und eigensinniger Künstler ein großes Echo. Obwohl er als Lyriker im deutschsprachigen Raum anerkannt war, blieb er ein einsamer, heimatloser Mensch. Er starb 1996 in München.
1985 veröffentlichte er *Prosperos Tagebuch,* eine Gedichtsammlung, in der das Thema der Wegsuche, des Unterwegsseins, der inneren und äußeren Orientierung im Mittelpunkt steht; die Gestalt des weisen Prospero hat Cyrus Atabay Shakespeares Drama *Der Sturm* entnommen. Von den siebzig Gedichten dieser Sammlung möchte ich drei anführen, die mir persönlich wichtig geworden sind und die zudem inhaltlich unser Thema der Verlangsamung aufgreifen.

7
Wie kommt es, dass die Speisen
am Tag des Wiederfindens
weit duftiger sind
Es gibt ein Gewürz
das Sorgfalt heißt
das tun wir daran
Du kannst es nicht kaufen
nur wer das Wiedererkennen stillschweigend übt
dem nützt es
wer es nicht achtet
dem nützt es nicht

30

Als die Sternschnuppe
an meine Schulter rührte
erwachte ich
das Schauen wurde Gewährung
das Hören ein Gebet
ich hatte keine Zeit mehr
zum Lernen
weil ich das Licht bewirten musste
das bei mir wohnte

40

Auch die Funken sagt die Kabbala
die in die Schalen
der Dinge und Wesen fielen
wollen an ihren Ursprung zurück
Wenn du mit Schonung
an ihnen arbeitest
dich ihrer mit Schonung bedienst
kannst du sie mit ihrem Inbild vereinen
Nur in solcher Übung
ist das Buch des Glanzes zu entziffern[13]

Die Gedichte in *Prosperos Tagebuch* kommen sprachlich als Sätze einer spirituellen Erkenntnis daher, die geteilt und anvertraut wird. Bei aller Dringlichkeit der knapp formulierten Sätze wird aus ihnen nie ein Befehl. Denn die Erkenntnis, um die es geht, kann man sich nicht erobern. Sie ist das Resultat einer ganzen Lebensgeschichte, letztlich ein Geschenk.

Das erste der drei Gedichte greift mit der »Sorgfalt« eine Erkenntnis auf, die im Zusammenhang mit der Schulung der Sinne bereits zur Sprache kam. Diese Form der Aufmerksamkeit ist nichts anderes als die Achtsamkeit, eine respektvolle, zärtliche Aufmerksamkeit. Die Wiederholung einer Handlung bzw. einer Erfahrung wird dank der Achtsamkeit nicht zur gehaltlosen Routine, sondern zum Wiedererkennen, zur Vertiefung.

Das dritte Gedicht beschreibt eine ähnliche Erkenntnis, nun unter dem Stichwort der »Schonung« und auf dem Hintergrund der kabbalistischen Mystik – der *Sohar, Das Buch des Glanzes* ist eines der Hauptwerke der jüdischen Mystik. Nach den Vorstellungen der Kabbala besteht die Schöpfung am Anfang aus einem Ur-Adam. Als das göttliche Licht in ihn eindringt, ist dies für ihn zu stark und zersprengt ihn. Alles, was es auf der Welt gibt, alle Menschen, Geschöpfe und Dinge sind die Scherben dieses zersprengten Ur-Adams und tragen immer noch einen Schimmer des göttlichen Lichts in sich. Wer einen Sinn für dieses Licht besitzt, kann mithelfen, den Ur-Adam wieder in seiner ursprünglichen Gestalt zusammenzufügen. Eine Arbeit, die Gespür und Geduld, Zuwendung und Sinn für das innere Licht, Schonung eben voraussetzt.

Vom Geschenk einer solchen inneren Lichterfahrung spricht das zweite Gedicht: Das lebenslange Lernen wird abgelöst durch das Fest, durch das Glück.

Cyrus Atabay versteht es, Sehnsüchte anzusprechen, die im Betrieb eines fordernden, vielleicht sogar überfordernden Berufslebens zu kurz kommen oder sogar auf der Strecke bleiben. Sehnsüchte, die es wachzuhalten gilt, wenn das Leben nicht an Tiefe verlieren soll.

Wer langsam geht …

SCHRITT FÜR SCHRITT (1) ■

→ Lassen Sie sich bewusst stehen, das Gewicht gleichmäßig auf beide Füße verteilt. Stellen Sie sich innerlich darauf ein, ganz langsam und bewusst zu gehen.

→ Suchen Sie für die Hände und Arme eine Haltung, die für Sie angenehm ist, die Ihnen aber auch Form gibt und die Ihre innere Sammlung zum Ausdruck bringt. Legen Sie Ihre Hände zum Beispiel auf die Brust oder auf den Bauch. Oder lassen Sie Ihre Arme hängen.

→ Achten Sie auf Ihre Atembewegung. Vermeiden Sie jegliche Beeinflussung der Atmung.

→ Sobald Ihnen der Atemrhythmus vertraut ist, beginnen Sie zu gehen: Das Gewicht liegt auf dem linken Fuß. Während des Einatmens hebt sich der rechte Fuß, die Bewegung setzt hinten bei der Ferse an, die Ferse wird angehoben, dann die Fußsohle, schließlich auch der Fußballen und die Zehen.

Während der kurzen Atempause bei voller Lunge schieben Sie den rechten Fuß etwa eine halbe Fußlänge nach vorne.
Während des Ausatmens senkt sich der rechte Fuß und berührt wieder den Boden, die Bewegung setzt hinten bei der Ferse an, die Ferse wird auf den Boden zurückgestellt, dann die Fußsohle, schließlich der Fußballen und die Zehen.
Während dieser Bewegung verlagert sich auch das Gewicht vom linken auf den rechten Fuß, sodass der linke Fuß bereit ist und beim nächsten Einatmen vom Boden wegkommen kann.

→ Der Gehrhythmus ist auf den Atemrhythmus abgestimmt: während eines Atemzugs ein Schritt.

→ Vollziehen Sie in diesem langsamen Rhythmus etwa zehn Schritte. Halten Sie dann inne, verweilen Sie im Stehen, gehen Sie erneut etwa zehn Schritte, halten Sie wieder inne, gehen Sie wieder etwa zehn Schritte …

→ Bleiben Sie zehn bis 15 Minuten im Gehen. Lassen Sie die Übung in einem abschließenden Stehen ausklingen.

Das eigene Wort

Gedichte zu lesen, einem Satz, einer Zeile, einem Wort nachzuhängen kann das Bedürfnis wecken, selbst zu schreiben, wieder die eigenen Sätze, Zeilen, Worte zu finden. Viele Menschen gehen auf dieses Bedürfnis ein, indem sie Tagebuch schreiben. Früher waren es sicher auch die Briefe, die im gegenseitigen Austausch die eigene Sprache zu Wort kommen ließen. – Wie weit dies auch in den daumenflinken SMS möglich ist, weiß ich nicht. Ich bin in der SMS-Kultur nicht zu Hause.
Wenn Sie das Bedürfnis zu schreiben verspüren, geben Sie diesem Bedürfnis unbedingt Raum. Suchen Sie die Form, die Ihnen entspricht. Für das Schreiben, vor allem für die Gestaltung von Gedichten gilt: Schreiben Sie langsam, verkosten Sie die einzelnen Worte, vertrauen Sie darauf, dass sie Ihnen geschenkt werden. Misstrauen Sie den Formulierungen, die sich schnell und handlich einstellen. Nehmen Sie angefangene Texte immer wieder hervor. Oft braucht es Tage, bis die nächste Wendung eintrifft. Oft zeigt sich nach Tagen, dass bestimmte Sätze oder Bilder das Licht neuer Erfahrungen nicht ertragen und sie ziehen sich zurück.

Verzichten Sie auf die Imitation. Sie brauchen nicht wie irgendein berühmter Autor oder eine Autorin zu schreiben. Schreiben Sie, wie nur Sie das können, einmalig, persönlich, authentisch. Teilen Sie Ihr Leben mit, Ihre Gedanken, Ihre Anliegen. Die allgemeinen Weisheiten sind bereits gesagt worden; interessant sind diese höchstens noch in der ganz konkreten Form, die nur Sie finden können.
Ein Gedicht von Magdalena Rüetschi stand am Anfang des Kapitels, eine Einladung zur Lektüre; vielleicht kann das folgende Gedicht von ihr wie eine Einladung zum Schreiben gelesen werden, wie ein Staunen über die Vorgänge beim Schreiben, wenn aus der Tiefe der Sprachlosigkeit und der Stille das stimmige Wort auftaucht und im Schreiben ein Dialog einsetzt.

EIN LEBENDIGES WORT
Weit
hinter
dem zugepflasterten Land
entdecke ich
ein lebendiges Wort
mein Wort
herausäugend
aus einem
nie benannten
Teich.[14]

Meditation
»DAS LICHT BEWIRTEN« (CYRUS ATABAY)

Bevor Sie sich zur Meditation begeben, nehmen Sie sich Zeit für zwei Vorbereitungen: Lesen Sie noch einmal das zweite Gedicht von Cyrus Atabay auf Seite 80. Erforschen Sie dann Ihre eigenen Lebenserfahrungen: Gab es zu irgendeinem Zeitpunkt für Sie ein Erlebnis, von dem Sie sagen können: Da habe ich dieses Licht ebenfalls erfahren. »Licht« ist ein Bild, eine Metapher für Intensität, für Kraft, für die »andere Seite« unseres Lebens (auch wieder ein Bild!); vielleicht würden Sie für Ihre Erfahrung ein anderes Bild wählen. Falls Sie den Eindruck haben, noch gar nie in eine solche Erfahrung hineingezogen worden zu sein, erforschen Sie Ihr Leben, ob es zu irgendeinem Zeitpunkt die Sehnsucht nach einem solchen Erlebnis gegeben hat. Auch das ist eine gute Basis für die Meditation.

→ Nehmen Sie sich 20 bis 30 Minuten Zeit. Achten Sie darauf, dass Sie in dieser Zeit nicht gestört werden.
→ Richten Sie sich in der Meditationshaltung ein.
→ Lassen Sie sich zur Ruhe kommen, indem Sie Ihre Aufmerksamkeit auf den Körper lenken. Achten Sie auf die Empfindungen, auf die Signale der Nahsinne, die in Ihr Bewusstsein kommen, sei es in der Form einer Körperreise, sei es in einer anderen Form. Ebenfalls über die Wahrnehmung Ihrer Empfindungen verbinden Sie Ihre Aufmerksamkeit mit Ihrer Atembewegung. Verweilen Sie schließlich mit Ihrer Aufmerksamkeit bei jenem Körperbereich, in dem Ihre Stille zu Hause ist.
→ Vergegenwärtigen Sie sich dann Ihre »Lichterfahrung« bzw. Ihre Sehnsucht nach dieser Erfahrung. Lassen Sie die Sinneswahrnehmungen von damals wieder lebendig werden, achten Sie darauf, welche Gefühle in Ihnen wach werden.
→ Wenn die Erinnerung und die mit ihr verbundenen Gefühle abklingen, lenken Sie die Aufmerksamkeit wieder zur Atembewegung. Verweilen Sie bei und mit Ihrem Atem. Lassen Sie in dieser »Erholungsphase« das eine und andere Wort aus Cyrus Atabays Gedicht aufklingen, falls sie zu Ihrer Erfahrung passen.
→ Wenn Sie wollen, lassen Sie die Erinnerung ein zweites und ein drittes Mal lebendig werden.
→ Schließen Sie die Meditation ab, indem Sie mit einer Geste oder Bewegung Ihrer Hände und Arme Ihre Dankbarkeit für die meditierte Erfahrung zum Ausdruck bringen.

In der Zeit unterwegs

Kindheit, das ist nämlich jene Zeit, in der die Zeit nicht zählte, weil man die Uhr noch nicht lesen konnte.

KARLHEINZ A. GEISSLER

Wer liest, taucht in andere Zeitverhältnisse ein. Das kann heißen, die erzählte Geschichte spielt in einer anderen Epoche oder gar in einer anderen Kultur; die Menschen, von denen wir lesen oder hören, erleben die Zeit anders als wir heute. Das kann aber auch bedeuten, dass die Art und Weise, wie erzählt wird, ungewohnt mit der Zeit umgeht: Die Spanne einer ganzen Lebensgeschichte kann in drei Sätzen zusammengefasst werden. Oder umgekehrt: Was in der Wirklichkeit eine Angelegenheit von fünf Minuten ist, kann ein Autor in so viele Einzelheiten auflösen und mit so vielen weiteren Vorkommnissen verknüpfen, dass er für die Wiedergabe bzw. wir für die Lektüre zwei oder drei Stunden brauchen.

Die Aussage stimmt auch noch in einem weiteren Sinn: Wenn wir lesen, fallen wir aus einer Tendenz, die sonst im Alltag unseren Umgang mit der Zeit stark bestimmt, aus der Tendenz nämlich, die Zeit produktiv nutzen zu wollen und mit der Zeit so umzugehen, als ließe sie sich verrechnen und gegen etwas anderes eintauschen. – Wer kennt nicht, zumindest aus der Kindheit oder Jugend, die Erfahrung, dass wir, in ein Buch vertieft, die Welt um uns herum vergessen. Die Eltern oder Freunde können uns rufen, wir hören sie nicht. Wenn wir das Buch endlich wieder schließen, erfasst uns das Staunen, dass es außerhalb der Zeit und der Gegenwart des Buches noch eine andere Zeit, eine andere Gegenwart, ihre Realitäten und ihre Forderungen gibt.

Diese Leseerfahrung illustriert mit ihrer Intensität, was es bedeutet, im Zeitfluss aufzugehen. Das kann uns auch bei anderen Gelegenheiten gelingen oder geschenkt werden: in einem Gespräch, in einem Spiel, in der Musik, in einer Begegnung, in der Meditation. Zeit wird dann greifbar, dicht, gegenwärtig und ist doch kein Thema, da sie erfüllt ist.

Die Zeit der Meditation

Im Zeitfluss aufzugehen, aber auch die Erfahrung, wie unterschiedlich Zeit sich anfühlen kann, gehört zu den zentralen Erfahrungen der Meditation. Ein wichtiger Faktor der in diesem Buch vermittelten Meditationspraxis ist die Entspannung des Körpers. Die Meditationsübung sollte deshalb mindestens fünfzehn Minuten dauern, denn so lange braucht der Körper, um im Sitzen teilweise oder ganz zu entspannen. Wenn für die Meditation mehr Zeit eingesetzt werden kann, umso besser.

Wenn jemand zu Beginn seiner Meditationspraxis die geeignete Sitzhaltung noch nicht entdeckt hat oder im Versuch, still zu werden, plötzlich merkt, wie unruhig und gespannt er innerlich ist, erschreckt ihn vermutlich die Vorstellung, fünfzehn Minuten lang still zu sitzen. – Und es gibt auch Meditationen, die scheinen tatsächlich kein Ende zu nehmen! – Sobald es uns aber gelingt, in die Gegenwart des Körpers einzutauchen, uns mit dem Atem zu verbinden und die innere Stille zuzulassen, verliert sich das Gefühl einer ablaufenden Zeit. Es ist ein Verweilen in der Gegenwart, Augenblick für Augenblick, Atemzug für Atemzug. Es ist kein Ende in Sicht, das angestrebt oder erreicht werden müsste. Die Absichtslosigkeit, die für die innere Meditationshaltung typisch ist, wirkt sich aus: Wir fließen im Zeitverlauf mit. Eine Meditation dauert nicht lange.

Im Rahmen der gegenständlichen Meditation ist es zudem möglich, bei einer vergangenen Erfahrung wieder anzuknüpfen: bei einer Begegnung etwa, die nachschwingt, oder bei einem Wort, das hängen geblieben ist. Ich staune immer wieder, welche Gegenwärtigkeit der meditierte »Gegenstand« gewinnt, als ob zwischen dem Damals der Wahrnehmung und dem Jetzt der Vergegenwärtigung keine Zeit verflossen wäre. Ich führe es auf die Sammlung zurück, die zu jeder Meditation gehört: die Wahrnehmung der Empfindungen in Form einer Körperreise, die Wahrnehmung der durch den Atemrhythmus wachgerufenen Empfindungen und die körperbezogene Stille. Diese Sammlung schafft eine Unmittelbarkeit zu den im Körpergedächtnis sinnenhaft gespeicherten Erfahrungen.

Im Anschluss an die Meditation holen mich gelegentlich die Fragen ein:

→ In welcher Zeit hast du dich nun aufgehalten?

→ Versetzt dich die Meditation in eine frühere Zeit?

→ Fliehst du in der Meditation in eine andere, intensivere Zeitebene?

→ Oder ist es die Intensität der Sammlung, die sich über unbewusste Kanäle mit früheren intensiven Erfahrungen verknüpft, unabhängig davon, ob und welcher Zeitraum zwischen den Ereignissen liegt?

→ Gibt es in meinem Bewusstsein eine Schicht, die Verbindungen herstellt, und zwar nach anderen Kriterien als der unmittelbaren Zeitnähe?

Während der Meditation selbst gibt es diese Fragen nicht.

Takt oder Rhythmus?

Die Selbstverständlichkeit, mit der wir alle die Angaben der Uhr heute als »Zeit« verstehen, hat unser Verhältnis zur Zeit verändert. Wir achten nicht mehr auf die intensiven Augenblicke des Erlebens. Wir messen die Zeit nicht an ihnen. Wir vertrauen vielmehr dem stetigen Vorrücken der Zeiger oder dem ständigen Wechsel der Zahlen in der Digitalanzeige.

Bei der Beschäftigung mit alten Mönchsregeln ist mir aufgefallen, dass die Menschen damals die Fähigkeit besaßen, mit ganz unterschiedlich langen Stunden umzugehen. Denn sie teilten die mit den Sinnen wahrnehmbare und kontrollierbare Zeitspanne vom Sonnenaufgang bis zum Sonnenuntergang in zwölf »Tagesstunden«, ebenso die Zeitspanne vom Sonnenuntergang bis zum Sonnenaufgang in zwölf »Nachtstunden«. Die Dauer dieser Stunden änderte sich also von Woche zu Woche, der geografischen Lage des Klosters und der Jahreszeit entsprechend. Die Tagesstunden im Sommer hatten ein anderes Gewicht und eine andere Dauer als im Winter. Dasselbe gilt für die Nachtstunden im Winter. Deshalb

haben die Mönchsregeln variierende Zeitpunkte vorgesehen, wann die Mönche am Morgen für das Gebet aufzustehen hatten, und eine verschieden lange Siesta. Der Mönch, der über den Kalender und die Zeit strukurierenden Glockensignale zu wachen hatte, besaß eine große Verantwortung.
Takt oder Rhythmus? – Karlheinz A. Geißler formuliert diese Spannung mit den folgenden Worten:

»Zeit kann man erst verstehen, wenn man sich als Natur in der Natur begreift, wenn man Entwicklung erlebt und versteht. Erst das Wissen um die Zeit der Natur macht uns zu Wissenden im Hinblick auf die Natur der Zeit. Die Rhythmen sind, so gesehen, die Schöpfer von Zeit. Zeit erhält durch die Rhythmen von Natur und Gesellschaft ihre Bedeutung und ihre formale Ausprägung. Es ist der Rhythmus, der die ›Zeit‹ macht, die Uhr misst sie nur. Nicht die Uhr, sondern das rhythmisch pulsierende Herz bleibt stehen, wenn wir sterben.«[15]

Die Zeit der Uhr lässt sich genau in kleinere und größere Einheiten unterteilen und messen. Es lässt sich feststellen, wie viel Zeit wir wofür einsetzen. Es entsteht der Eindruck, Zeit sparen und Dinge in kürzerer Zeit als bisher erledigen zu können. Es ist die Zeit der Uhr, die uns antreibt. Der Rhythmus hingegen ist vom Erleben oder vom Erlebten nicht ablösbar. Er schwingt als Grundgegebenheit mit. Wir können uns vom Rhythmus tragen lassen oder uns dem Rhythmus verweigern, aber im Bereich des Rhythmus können wir nicht sparen.
Was hier mit Rhythmus gemeint ist, lässt sich zum Beispiel nachvollziehen im Wechsel von Arbeitszeit und freier Zeit. Fragen Sie sich im Hinblick auf Ihren Alltag:

→ Stehen Arbeitszeit und freie Zeit in einem guten Verhältnis zueinander? Erdrückt die Arbeitszeit die freie Zeit?

→ Steht die freie Zeit ganz und gar im Dienst der Arbeitszeit, etwa in dem Sinne, dass Sie von der Arbeit so erschöpft sind, dass Sie in der freien Zeit nur noch abtauchen können, zu nichts mehr fähig sind, vielleicht sogar der Arbeitshektik eine Freizeithektik gegenüberstellen, um die Erschöpfung kurzfristig auszutricksen?

→ Oder ist die freie Zeit ein Raum der persönlichen Entfaltung, für Sie ebenso wertvoll und ebenso gestaltet wie die Arbeitszeit?

Es kennzeichnet unsere »Freizeitgesellschaft«, dass die freie Zeit wenig individuellen Spielraum zulässt. Die Trends liegen fest. Es ist klar, was man zu tun, woran man teilzunehmen hat, damit man dazugehört: die Trendsportarten, die Trendwellness, die Trendevents, die trendigen Ferienorte ... Es gehört zur Lebenskunst und zum Lebensmut wahrzunehmen, was wir in der freien Zeit wirklich brauchen, wie wir die freie Zeit am besten gestalten – und sich nicht von der Freizeitindustrie festlegen und ausbeuten zu lassen, die nach dem Motto vorgeht: Wer viel arbeitet, soll in der freien Zeit konsumieren und so wiederum für den Erhalt von Arbeitsplätzen sorgen.

Ich habe im Hinblick auf dehnbare Stunden kurz auf die alten Mönchsregeln hingewiesen. Sie könnten auch im Zusammenhang mit dem Rhythmus als Beispiele angeführt werden. Die Mönche hatten im Normalfall ein großes Arbeitspensum zu bewältigen. Was beim Studium der Mönchsregeln auffällt, ist die Balance zwischen der Arbeitszeit und der freien Zeit (Gebet in der Gemeinschaft und persönliches Gebet, Meditation, Lektüre, Austausch, Rekreation). Die Arbeit und die freie Zeit waren beide demselben Ziel untergeordnet: das Leben so zu gestalten, dass es eine Antwort auf Gottes Gegenwart war.

Wenn uns ein solches übergeordnetes Ziel fehlt, wird es schwieriger, die Balance zwischen der Arbeitszeit und der freien Zeit zu finden. Die durch den beruflichen Erfolg in Aussicht gestellte Anerkennung, die Absicherung der materiellen Wünsche und die im Konkurrenzkampf erreichte Intensität lassen uns oft vergessen, was wir durch die fehlende Balance alles in Frage stellen: Gesundheit, Wohlbefinden, Beziehungen, Ausgeglichenheit, Glück. Wir messen nicht nur die Arbeitszeit, sondern auch die freie Zeit mit der Uhr, wir beginnen, freie Zeit einzusparen, damit sie uns für das scheinbar »Wesentliche« zur Verfügung steht.

FLANIEREN ▲

Das Wörterbuch bemüht sich, *flanieren* genau zu beschreiben, als ob es sich um ein ganz und gar unbekanntes Geschehen handeln würde. Können Sie flanieren?

»flanieren [frz. flâner]: ohne ein bestimmtes Ziel spazieren gehen an einem Ort, an dem man andere sehen kann und selbst gesehen wird«

Vermutlich kennen Sie das Flanieren aus Urlaubstagen im Süden oder aus einem Städteurlaub, wenn Sie es sich leisten konnten, nichts zu tun (schließlich haben Sie dafür bezahlt!). Können Sie sich das Flanieren auch zu Hause vorstellen? Nehmen Sie sich Zeit zu flanieren:

➜ in einer nahe gelegenen Stadt, in einer ihrer belebten Straßen, vielleicht auf einer Strandpromenade, erlauben Sie sich ziellos zu gehen, die Straße zu bevölkern – das genügt

➜ machen Sie es sich zur Aufgabe, andere zu sehen und wahrzunehmen, von anderen gesehen und wahrgenommen zu werden – das genügt

➜ steigern Sie sich als Flaneur, indem Sie auch zu Hause, an Ihrem Ort, in Ihren Straßen spazieren gehen …

Widerstrebt Ihnen diese Vorstellung und versuchen Sie es schon gar nicht? Oder gelingt Ihnen die Übung und wird sie zum Kurzurlaub? Entdecken Sie Ihr Zuhause auf neue Art?

Zeittalente

Zeit lässt sich nicht sparen oder beiseite legen, Zeit lässt sich nur leben. Nur was wir leben, wird Zeit. Zeit wird zur lebendigen Zeit, wenn wir uns auf sie einlassen. Ich möchte eine alte Geschichte in diesen Zusammenhang stellen: das Gleichnis von den Talenten. Ein Talent war damals eine große, ansehnliche Geldeinheit. Jesus hat das Gleichnis erzählt, um Mut zu machen. Es ist für uns kapitalistisch geprägte Menschen selbstverständlich, dass Geld, richtig eingesetzt, Geld abwirft. Manchmal ist dieser Einsatz mit einem Risiko verbunden, aber grundsätzlich lohnt er sich. In der gleichen Selbstverständlichkeit, sagt Jesus im Bild dieser Geldgeschichte, sollten wir unser Leben auf Gott hin einsetzen. Manchmal ist dieser Einsatz mit einem Risiko verbunden, denn es ist nicht immer greifbar, was mit diesem Lebenssinn »Gott« gemeint ist, aber grundsätzlich lohnt er sich.

Würde uns Jesus diese Geschichte heute als eine Zeit-Geschichte erzählen? Nur wer sich auf die Zeit einlässt, erfährt, was Zeit ist.

Wer sich auf die Zeit einlässt, erfährt sie intensiver, die Zeit verdoppelt sich. Wer sich die Zeit erspart, verliert sie.
Und das Risiko beim Einsatz der Zeit? Zur Auswahl steht uns immer nur der gegenwärtige Augenblick. Der Umgang mit dem Risiko ist letztlich eine Frage unseres Vertrauens.

»Es ist wie bei einem Manne, der, im Begriffe zu verreisen, seine Knechte rief und ihnen seine Habe anvertraute. Dem einen gab er fünf Talente, dem andern zwei, dem dritten eines, je nach ihrer besonderen Fähigkeit, und so verreiste er.
Sogleich ging der Empfänger der fünf Talente hin, um mit ihnen zu handeln, und gewann andere fünf. Ebenso gewann der Empfänger der zwei noch zwei weitere dazu. Der Empfänger des einen aber ging hin, machte eine Grube in der Erde und versteckte das Geld seines Herrn.
Nach langer Zeit kam der Herr jener Knechte zurück und wollte mit ihnen Abrechnung halten. Da kam der Empfänger der fünf Talente und brachte fünf weitere Talente, indem er sprach: ›Herr, fünf Talente hast du mir übergeben, fünf andere habe ich gewonnen.‹ Der Herr erwiderte ihm: ›Wohlan, du guter, getreuer Knecht, über Weniges warst du getreu, über vieles will ich dich setzen. Geh ein in die Freude deines Herrn!‹
Auch der Empfänger der zwei Talente kam und sprach: ›Herr, zwei Talente hast du mir übergeben, zwei andere habe ich gewonnen!‹ Der Herr erwiderte ihm: ›Wohlan, du guter, getreuer Knecht, über weniges warst du getreu, über vieles will ich dich setzen. Geh ein in die Freude deines Herrn!‹
Auch der Empfänger des einen Talentes kam und sprach: ›Herr, ich kannte dich, dass du ein strenger Mann bist und ernten willst, wo du nicht gesät, und sammeln willst, wo du nicht ausgestreut hast; so ging ich denn in meiner Angst hin und vergrub dein Talent in der Erde: da hast du dein Eigentum!‹
Da gab ihm sein Herr zur Antwort: ›Du böser, fauler Knecht! Du wusstest, dass ich ernten will, wo ich nicht gesät, und sammeln will, wo ich nicht ausgestreut habe? So hättest du mein Geld auf der Bank anlegen müssen, und ich hätte bei meiner Ankunft das Meine mit Zinsen wiederbekommen. Nun denn, nehmt ihm das Talent und gebt es dem mit den zehn Talenten!

Denn jedem, der hat, wird noch hinzu gegeben werden, und er wird Überfluss haben – wer aber nichts hat, dem wird auch das, was er hat, genommen werden.‹«[16]

Mir gefällt es, das Gleichnis im Zusammenhang mit dem Thema Zeit zu lesen. Das Grundanliegen der Gleichnisse ist stets die Ermutigung, sich auf Gott einzulassen und Gott zu vertrauen. Auch in diesem Gleichnis lädt Jesus dazu ein. Er benützt die Bilder einer konsequenten und gnadenlosen Geldwirtschaft – einer Geldwirtschaft, in der seine Zuhörer und auch wir uns, bei aller Gnadenlosigkeit, gut zurechtfinden –, um uns vom Vertrauen gegenüber wirtschaftlichen Gesetzmäßigkeiten in ein spirituelles Vertrauen weiterzuführen. Dazu gehört auch der Umgang mit der Zeit.
Die Bilder der Geschichte lassen sich gut auf Aspekte der Zeit hin öffnen: Die Zeit als etwas, das uns anvertraut ist ..., die Zeit gewinnt in dem Maß, als wir sie investieren ..., die Intensität, die sich im Erleben der Zeit einstellen kann, erleben wir als Geschenk ..., die Zeit lässt sich nicht sparen oder auf später vertagen ..., in Sachen Zeit können wir nicht auf Nummer Sicher gehen, ein Risiko ist immer mit dabei, denn erst im Augenblick, da wir die Zeit leben, erfahren wir auch, was sie für uns bereithält.
Wenn wir das Gleichnis so lesen und deuten, wird die Zeit zu einem Lebenselement, das uns mit Gott verbindet.

Wenn Frage und Antwort zusammenfallen

Im Gedichtband *Stereotypien* des Dichters Franz Fassbind (1919–2003) findet sich ein Gedicht, das einprägsam und unerbittlich diese Mischung von Risiko und Vertrauen formuliert, die für unseren Umgang mit der Zeit ausschlaggebend ist. Vor allem die beiden Fragen in der ersten und zweiten Strophe halten unsere Situation fest.
Entweder wir können dem, was wir in diesem Augenblick leben oder zu leben haben, vertrauen. Dann entwickelt sich daraus eine tiefe Entspannung; unser Leben verlangsamt sich in einem positiven Sinn. Oder wir können das, was wir in diesem Augenblick leben oder zu leben haben, in Frage stellen, wir wünschen uns weg in andere Situationen oder halten innerlich mehrere Vari-

anten offen. Dann verlieren wir die aktuelle Zeit und treiben zudem in eine Unruhe und Hektik hinein.

UNTERWEGS
Was findet statt,
Wenn etwas ausfällt?

Was fällt aus,
Wenn etwas stattfindet?

Möglich ist der
Misserfolg erfolgreicher
Bemühungen.

Denkbar ist der
Erfolg erfolgloser
Bemühungen.

Brich mit dem
Lähmenden Prestige
Unvollständiger Fakten.

Suche den leitenden Faden
Und die schwierige Tür,
Welche hinausführt
Ins Freie.[17]

Unsere Denk- und Wunschkategorien – Erfolg zum Beispiel –, mit denen wir an die Zeit herantreten, sollten, so das Gedicht von Franz Fassbind, einem grundsätzlichen Vertrauen Platz machen. Unsere Vorstellungen beruhen auf zu geringen Kenntnissen; der leitende Faden (ein Bild aus den Labyrinth-Mythen) und die schwierige Tür ins Freie zeigen sich nur dem, der vertraut.

Wer langsam geht ...
SCHRITT FÜR SCHRITT (2)

→ Lassen Sie sich bewusst stehen, das Gewicht gleichmäßig auf beide Füße verteilt. Stellen Sie sich innerlich darauf ein, langsam und bewusst zu gehen, bei jedem Atemzug einen Schritt.
→ Suchen Sie für die Hände und Arme eine Haltung, die für Sie angenehm ist, die Ihnen aber auch Form gibt und die Ihre

innere Sammlung zum Ausdruck bringt. Legen Sie Ihre Hände zum Beispiel auf die Brust oder auf den Bauch. Oder lassen Sie Ihre Arme hängen.

→ Achten Sie auf Ihre Atembewegung. Vermeiden Sie jegliche Beeinflussung der Atmung.

→ Sobald Ihnen der Atemrhythmus vertraut ist, beginnen Sie zu gehen:

Das Gewicht liegt auf dem linken Fuß. Während des Einatmens hebt sich der rechte Fuß, die Bewegung setzt hinten bei der Ferse an, die Ferse wird angehoben, dann die Fußsohle, schließlich auch der Fußballen und die Zehen.

Während der kurzen Atempause bei voller Lunge schieben Sie den rechten Fuß etwa eine halbe Fußlänge nach vorne.

Während des Ausatmens senkt sich der rechte Fuß und berührt wieder den Boden, die Bewegung setzt hinten bei der Ferse an, die Ferse wird auf den Boden zurückgestellt, dann die Fußsohle, schließlich der Fußballen und die Zehen.

Während dieser Bewegung verlagert sich auch das Gewicht vom linken auf den rechten Fuß, sodass der linke Fuß bereit ist und beim nächsten Einatmen vom Boden wegkommt und seinen Schritt vollzieht.

→ Achten Sie darauf, dass Sie Ihrem Gehen nicht aus weiter Distanz, vom Kopf her, zuschauen. Gehen Sie im Gehen auf: Ihre Aufmerksamkeit liegt in den Füßen, den Beinen und dem Becken. Nehmen Sie wahr, wie Sie sich bewegen.

→ Bleiben Sie zehn bis 15 Minuten im Gehen. Lassen Sie die Übung in einem abschließenden Stehen ausklingen.

Das Geheimnis des siebten Tages

Der Besuch des sonntäglichen Gottesdienstes – oder in einer älteren Sprache: die Heiligung des Sonntags – wird von den meisten Christen und Christinnen in den deutschsprachigen Ländern heute nicht mehr als eine Verpflichtung betrachtet. Der Sonntag ist, im besten Fall, Freizeit, wird nach individuellen Gesichtspunkten gestaltet und unterliegt den Tendenzen, von denen oben schon die Rede war. Falls Gottesdienste noch besucht werden, sollten sie im Trend liegen ... Dass der Sonntag auch Freiraum, ein Tag der Ruhe sein könnte, ist in Vergessenheit geraten.

Durch die strenge Regelung des Sabbats ist es der jüdischen Tradition besser gelungen, diesen Freiraum zu sichern. »Der Ruhe entgegen, auf lasst uns gehen! Denn sie ist uns des Segens Quell«, lautet ein Vers des *Lecha Dodi,* des Liedes, das am Freitagabend in der Synagoge zu Beginn des Sabbats gesungen wird. »Ruhe« – neben anderen Motiven – ist ein wiederkehrendes Stichwort in den Gebeten, Liedern, Lesetexten und Segensworten, die den Ablauf des Sabbats gestalten und strukturieren. Es geht mir nicht darum, hier die Praxis des Sabbats in ihren Einzelheiten vorzustellen. Ich möchte lediglich auf zwei Elemente hinweisen, die mir für die bewusste Gestaltung einer erholsamen Ruhe und für einen mutigen Schritt aus dem Teufelskreis der Hast und des Stresses besonders geeignet zu sein scheinen.

Das erste Element ist die Achtsamkeit. In der häuslichen Gestaltung des Sabbats wird den einzelnen Gegenständen und Handlungen großer Respekt entgegengebracht. Dadurch werden sie der Beliebigkeit entzogen. Dies beginnt bereits am Freitag mit dem Backen der Sabbatbrote, der Reinigung der Wohnung, dem Bad und dem Wechsel der Kleidung. Dies setzt sich fort in den Segensgebeten und dem ritualisierten Mahl am Freitagabend. Dies findet schließlich den Abschluss in der Hawdala zum Sabbatausgang, wenn der Weinbecher, die Gewürzbüchsen und die geflochtenen Kerzen gesegnet werden.

Die Achtsamkeit zeichnet sich dadurch aus, dass ich über einen Gegenstand oder eine Handlung nicht nach meinem Gutdünken verfüge. Der Gegenstand oder die Handlung besitzt ebenso viel Wert wie ich selbst. Ich anerkenne diesen Wert, indem ich mich dem Gegenstand oder der Handlung füge. In einer tradierten religiösen Praxis kann dies bedeuten, dass ich mich einem Ritus einfüge und ihn in Ehrfurcht vollziehe, auch wenn er mir zur Zeit nicht zu einer nachvollziehbaren Erfahrung wird. In einer säkularen Welt und einer durch die individuelle Biografie geprägten Spiritualität bedeutet Achtsamkeit das Wagnis, die Aufmerksamkeit vom eigenen Ich auf etwas vom Ich Losgelöstes zu lenken. Diese Aufmerksamkeit, die den Gegenstand bzw. die Handlung mit einem Raum von zärtlicher Wertschätzung umgibt, wirkt in der Praxis auf mich zurück, verwandelt und prägt mich. Sie bindet mich, da die Zweck- oder Zielgerichtet-

heit wegfällt, an den gegenwärtigen Moment des Vollzugs. Die Achtsamkeit verlangsamt uns, sie holt uns in ein Verweilen.
Das zweite Element, das mir bei der Sabbatfeier auffällt, hat ebenfalls mit unserem Thema zu tun: das Bemühen um ein anderes Zeitbewusstsein. Was biblisch als Heiligung des Sabbats beschrieben wird, ist die Einladung an den Menschen, die Zeit in ihrer Verflochtenheit mit dem eigenen Leben zu entdecken. Es gibt die Zeit nicht als eine objektive Größe, die als solche vom menschlichen Leben abgelöst und gegen andere Werte eingetauscht werden könnte. Jede Zeit ist Lebenszeit: Jede Stunde ist eine Stunde meines Lebens. Der Sabbat hilft dem Menschen, diese Zeitdimension seines Lebens zu erschließen: die Unverfügbarkeit. Abraham J. Heschel formuliert diese Unverfügbarkeit mit den folgenden Worten:

»Was ist so herrlich an einem Tag? Was ist so kostbar, dass es das Herz ergreift? Der Grund ist, dass der siebte Tag eine Goldgrube ist, wo man das kostbare Metall des Geistes finden kann, mit dem man den Palast in der Zeit baut, ein Bereich, in dem der Mensch bei Gott zu Hause ist, ein Bereich, in dem der Mensch bestrebt ist, der Gottesebenbildlichkeit nahezukommen. [...]
Die Kunst, den siebten Tag zu feiern, ist die Kunst, auf die Leinwand der Zeit die geheimnisvolle Größe des Höhepunktes der Schöpfung zu malen: Wie Er den siebten Tag heiligte, so sollen wir ihn heiligen. Die Liebe zum Sabbat ist die Liebe des Menschen für das, was er mit Gott gemeinsam hat. [...]
Wie sollen wir den Unterschied zwischen dem Sabbat und den anderen Tagen der Woche bewerten? Wenn ein Tag wie z. B. der Mittwoch kommt, sind die Stunden leer; und wenn wir ihnen nicht Bedeutung verleihen, bleiben sie ohne Eigenart. Die Stunden des Siebten Tages tragen ihre Bedeutung in sich selbst; ihre Bedeutung und Schönheit hängen nicht von irgendeinem Werk, Profit oder Fortschritt ab, den wir zustande bringen können.«[18]

Ein neues Bewusstsein für die Zeit: die Entdeckung unseres eigenen Wertes, bevor wir etwas getan oder bewirkt haben. Dieses Bewusstsein für die Zeit habe ich für mich durch die nichtgegenständliche Meditation wiedergewonnen. Wie keine andere Praxis lässt mich diese Meditationsform erfahren, wie sehr ich die eigene Wertschätzung an Werte außerhalb der eigenen Person gebunden habe und wie schwer es mir fällt, beim bloßen Eigenwert zu verweilen und mich auszuhalten. Nur dank einer solchen Wiederentdeckung des eigenen Wertes entkomme ich dem Stress, der ja oft nichts anderes bedeutet, als ständig der lebensnotwendigen Anerkennung nachzujagen, die ich bei mir selbst nicht finde.

Meditation

ATEMZÜGE

Es geht in der folgenden Meditationsübung darum, ein »lebendiges« Zeitmaß einzuüben: die Aufmerksamkeit auf die Atembewegung. – Es gab und gibt spirituelle Traditionen, die davon ausgehen, dass uns unsere Lebenszeit vorgegeben wird, und zwar durch die Anzahl der Atemzüge, die uns zustehen …

→ Nehmen Sie sich 20 bis 30 Minuten Zeit. Achten Sie darauf, dass Sie in dieser Zeit nicht gestört werden.

→ Richten Sie sich in der Meditationshaltung ein.

→ Lassen Sie sich zur Ruhe kommen, indem Sie Ihre Aufmerksamkeit auf den Körper lenken. Achten Sie auf die Empfindungen, auf die Signale der Nahsinne, die in Ihr Bewusstsein kommen, sei es in der Form einer Körperreise, sei es in einer anderen Form. – Ebenfalls über die Wahrnehmung Ihrer Empfindungen verbinden Sie Ihre Aufmerksamkeit mit Ihrer Atembewegung. Verweilen Sie schließlich mit Ihrer Aufmerksamkeit bei jenem Körperbereich, in dem Ihre Stille zu Hause ist.

→ Kehren Sie dann zur Wahrnehmung Ihrer Atembewegung zurück, ohne dass Sie aus dem Atem oder mit dem Atem etwas Besonderes »machen«.

Lassen Sie sich die Atemzüge als Ihr Zeitmaß gefallen.
Achten Sie darauf, wie unterschiedlich die Atemzüge ausfallen, auch wenn Sie in Ruhe und Bewegungslosigkeit dasitzen. Nehmen Sie wahr, was zur Veränderung der Atemzüge beiträgt.
Es kann sein, dass die Atembewegung, trotz oder wegen ihrer Einfachheit, während der Meditation ein großes Gewicht bekommt. Manche Menschen erleben das Atmen als Gebet.
Halten Sie den Atem einfach aus.

Einfach da, nichts weiter

Wir sollten immer
eine Tasche leer lassen.
Und sie so belassen,
ohne etwas hineinzutun.

Einen Ausschnitt des Nichts mit uns tragen,
ist die einzige Art,
in den anderen Taschen
etwas tragen zu können.

ROBERTO JUARROZ

Das erstaunte Gesicht sehe ich noch vor mir. Die Frau hatte bei mir schon mehrere Meditationskurse besucht, meditierte regelmäßig und hatte nach jeder Meditation, zumindest wenn die Gelegenheit dazu bestand, viel zu erzählen. Was sie gesehen hatte, welche Gedanken sich miteinander verknüpft hatten, was an Gefühlen in ihr lebendig geworden war, was das Meditierte ihr bedeutete. Für mich klang das nach einer ausgelassenen Produktivität während der Meditation. Und ich überlegte, wie ich ihr schmackhaft machen konnte, dass es in der Meditation auch noch etwas anderes zu entdecken gab als Einsichten: die Einfachheit, die Stille, das Schweigen, die Reduktion auf eine wortlose Präsenz. Im Rahmen der Kurse, auch in persönlichen Gesprächen hatte ich schon oft davon gesprochen. Irgendetwas in dieser Frau ließ nicht zu, dass sie sich an diese Stille heranwagte.
Ich fand die Schatulle in einem kleinen Laden in Basel: aus dunklem Holz, mit ein paar wenigen hellen Intarsien verziert,

innen mit einem roten Samtstoff gefüttert. Als ich die Frau das nächste Mal traf und sie mir von ihren Erlebnissen während der Meditation erzählen wollte, schenkte ich ihr die Schatulle. Das Geschenk erfreute sie und meinen Wunsch, den ich mit dem Geschenk verband, quittierte sie mit einem erstaunten Lachen: Ich bat sie, die Schatulle immer leer zu halten. Die Leere in der Schatulle war Teil des Geschenks. Seit diesem Tag sprechen wir miteinander anders über die Meditation.

Das Kapitel *Neue Augen* handelt von der gegenständlichen Meditation. Sie ist eine ausgezeichnete Möglichkeit, die alltägliche Hast aufzubrechen, den Dingen und Themen unseres Lebens Raum zu geben und sie in ihrer Kraft und Fülle wahrzunehmen. Auch außerhalb der eigentlichen Meditationspraxis entfaltet sich, genährt durch diese Art der Meditation, eine wache und respektvolle Aufmerksamkeit für die Werte, die uns umgeben und erfüllen. Wer so meditiert, kann nicht mehr schnell über die Dinge und Themen hinweggehen, weder im eigenen Leben, noch im Leben anderer Menschen.

Im Folgenden geht es noch einmal um die Meditation: um die nichtgegenständliche Meditation. Was sie zu einer faszinierenden Herausforderung macht, ist die Reduktion. Dadurch steht sie quer zu vielem, was uns im Alltag prägt und auf Erweiterung und Komplexität hinzielt. Nichtgegenständlich zu meditieren bedeutet, immer einfacher zu werden, sich zu reduzieren auf das Atmen, das Dasitzen, das Dasein. Die komplizierten Verknüpfungen, die sich im Kopf oder Herzen formieren und die normalerweise unseren Stolz ausmachen, nehmen wir während der Meditation zwar noch wahr, aber wir lassen uns nicht auf sie ein. Es kommt zu einem Prozess der allmählichen Umwertung.

HERZENSANGELEGENHEITEN ▲

Diese Übung verlangt viel Raum und Zeit. Widmen Sie sich ihr an einem Tag, da die Zeit dafür günstig ist.

Es ist eine Übung, in der es um eine bestimmte Kraft in Ihrer Biografie geht, um die Herzenskraft. Die Herzenskraft ist eine sehr positive Kraft, ihr (wieder) zu begegnen weckt Kräfte. Die Herzenskraft ist aber auch verletzbar und es gibt wohl nieman-

den, der seine Herzenskraft vor jeder Verletzung schützen konnte. Auch Sie werden im Rahmen dieser Übung solchen Verletzungen begegnen. – Es kann sinnvoll sein, im Anschluss an die Übung mit jemandem über Ihre Erfahrungen, die positiven und die schmerzhaften, zu sprechen.
Als Gestaltungselement schlage ich Ihnen das Zeichnen und Malen vor. Selbstverständlich können Sie auch ein anderes Element wählen: Schreiben, Tanzen, Singen, Töpfern.

Am besten gehen Sie in folgenden Schritten vor:
➜ Ziehen Sie sich an einen Ort zurück, wo Sie für sich sind und in Ruhe nachsinnen können. Vorerst brauchen Sie nur ein Blatt Papier und einen oder mehrere Stifte.
➜ Beginnen Sie an irgendeiner Stelle Ihrer Lebensgeschichte und fragen Sie sich: Was hat damals Ihr Herz bewegt? Wem galt Ihre Aufmerksamkeit? Wofür ereiferten Sie sich? Was oder wer war Ihnen wertvoll?
Halten Sie in kurzen Stichworten fest, was Ihnen einfällt.
➜ Gehen Sie dann – vor und zurück – an andere Stellen Ihrer Lebensgeschichte, immer mit denselben Fragen. Halten Sie fest, was Ihnen einfällt. Beurteilen Sie sich dabei nicht. Auch was das Herz vielleicht nur kurze Zeit bewegt hat, was in eine Enttäuschung oder Verletzung umgeschlagen hat, was Sehnsucht geblieben ist, ist es wert, notiert zu werden.

➜ Für den zweiten »Arbeitsgang« ist es von Vorteil, wenn Sie über ein möglichst großes Blatt Papier und Farben (Wasserfarben, Kreiden, Stifte, je nachdem, was Ihnen entspricht) verfügen. Gestalten Sie ein Bild Ihrer Herzenskraft. Stellen Sie in die Mitte des Bildes, was als Erfahrung immer wieder auftaucht, lassen Sie am Rande des Bildes, was als Erfahrung marginal geblieben ist. Finden Sie für die einzelnen Erfahrungen Farben, Zeichen, Symbole.
➜ Meditieren Sie Ihr Bild.
➜ Sprechen Sie, wenn irgendwie möglich, mit jemandem über Ihr Bild. Vielleicht steht der Rückblick im Mittelpunkt des Gesprächs, vielleicht aber auch die Gegenwart. Würde eine aktuelle Momentaufnahme Ihres Herzens ähnlich ausfallen oder ganz anders?

Falls Sie sich scheuen, mit jemandem über Ihr Bild zu sprechen, schreiben Sie jemandem, der Ihnen wichtig ist, einen Brief, in dem Sie festhalten, was Ihnen bei der Beschäftigung mit Ihrem Herzen aufgefallen ist. Sie können den Brief abschicken oder aufbewahren.

Loslassen, leer lassen

Auch die nichtgegenständliche Meditation beginnt man mit diesen Schritten der Sammlung, die bereits im Kapitel *Neue Augen* beschrieben worden sind. In einer Kurzfassung lassen sie sich folgendermaßen skizzieren:

→ Ich lenke meine Aufmerksamkeit auf den Körper, indem ich auf die Empfindungen achte, die mir bewusst werden. Dabei halte ich mich an einen bestimmten Ablauf, vollziehe eine Art Körperreise: Ich beginne bei den Handflächen, gehe weiter zu den übrigen Teilen der Hände, zu den Armen und Schultern. Dann setze ich bei den Fußsohlen an, gehe zu den übrigen Teilen der Füße, zu den Beinen und Gesäßbacken. Anschließend achte ich auf die Empfindungen im Rücken, im Nacken, im Kopfbereich, besonders im Gesicht, und auf der Vorderseite des Rumpfs (Brust, Oberbauch, Unterbauch, Geschlecht, Beckenboden).

Zur Erinnerung 1: Als Empfindungen bezeichnet man die Signale, die von den Nahsinnen ausgehen. Sie informieren mich über die Position des Körpers, über die Kontakte des Körpers zur Sitzunterlage, zur Raumtemperatur, zur Kleidung, über den Muskeltonus, also auch über Stimmungsveränderungen und seelische Haltungen.

Zur Erinnerung 2: In der Meditation nehme ich eine Sitzhaltung ein, die ich längere Zeit durchhalten kann, ohne mich unnötig bewegen zu müssen, und die mich deshalb körperlich zur Ruhe kommen lässt. Wenn ich die Aufmerksamkeit, statt sie weiterhin bei den bewegten und oft beunruhigenden Gedanken und Gefühlen zu lassen, nun auf den Körper lenke, übertragen sich die Ruhe und die Ausgeglichenheit des Körpers auf das Bewusstsein. Ich komme auch innerlich zur Ruhe.

Zur Erinnerung 3: Die Nahsinne fördern, das Selbstbewusstsein, die innere Sicherheit.

→ Ich lenke meine Aufmerksamkeit dann zur Atembewegung bzw. zu den Empfindungen, die mich über das Atemgeschehen auf dem Laufenden halten. Ich achte zum Beispiel auf das Fließen der Atemluft in den Atmungsorganen (an der Nasenöffnung, im Innern der Nase, im Rachenraum, im Kehlkopf, in den Bronchien) oder auf die leichten Bewegungen, mit denen der Rumpf auf den Atem reagiert (im Brustbereich, auf Bauchhöhe, im Becken, in den Flanken, am Rücken). Ich lasse mich in der Atembewegung aufgehen und in dem, was sie bei mir, auch an Stimmungsveränderungen, auslöst.

→ Im dritten Schritt lenke ich meine Aufmerksamkeit zu jenem Körperbereich, von dem ich bereits weiß oder es vermute, dass dort die Stille, das Schweigen, die Ruhe, der Friede, die Gelassenheit zu Hause ist. Durch meine Aufmerksamkeit lade ich die Stille ein, sich von diesem Bereich aus im ganzen Körper zu entfalten, Raum einzunehmen, mich zu bestimmen.

Zur Erinnerung 4: Falls Ihnen dieser dritte Schritt Mühe bereitet, können Sie ihn probehalber auch mit einer anderen Stimmung durchführen, mit einer Stimmung, die Ihnen leichter fällt. Kennen Sie beispielsweise den Körperort, an dem jeweils der Ärger einsetzt? An dem die Wut ausbricht? Von dem aus die Trauer alles blockiert? Wo die Freude zu singen beginnt? Wo die Anerkennung, die Sie erhalten, sich ansammelt? Solche Orte hängen mit dem Körpergedächtnis zusammen, aber auch mit der energetischen Struktur des Körpers.

Nach diesen Einstiegsschritten beginnt das ganz einfache und doch so schwierige Unterfangen der nichtgegenständlichen Meditation. Es gilt, unser Bewusstsein daran zu hindern, sich mit den Gedanken und Gefühlen zu beschäftigen, die auftauchen. Oder anders gesagt: zu entdecken, dass es in uns eine beobachtende, wahrnehmende Mitte gibt, die unabhängig von den Gedanken existiert, die kommen und gehen.

Als Hilfsmittel werden verschiedene Möglichkeiten empfohlen.

→ Sie können zum Beispiel weiterhin bei der Wahrnehmung der Empfindungen bleiben. Damit ist Ihr Bewusstsein genügend beschäftigt und lässt sich nicht von den Gedanken einfangen.

→ Sie achten auf die Atemzüge und zählen sie, immer wieder von eins bis zehn.

→ Sie verbinden mit der Atembewegung, im Normalfall mit dem Ausatmen, ein bestimmtes Wort. Jedes Mal beim Ausatmen sprechen Sie das Wort unhörbar, aber bewusst in sich hinein. Sie dehnen das Wort, damit es so lange klingt, wie Ihr Ausatmen dauert. Das Wort kann mit dem Atem- oder Meditationsgeschehen zu tun haben oder es kann Ihnen aus einem anderen Grund wichtig sein. Es ist aber nicht »Gegenstand« der Meditation.

→ Sie verbinden mit der Atembewegung, im Normalfall mit dem Ausatmen, ein Mantra, ein Wort, das vom Klang her kraftvoll wirkt, das sich aber möglicherweise nicht in einen nachvollziehbaren Sinn übersetzen lässt.

→ Sie verbinden mit der Atembewegung, im Normalfall mit dem Ausatmen, ein kurzes Gebetswort. Das ist vor allem sinnvoll, wenn Sie die nichtgegenständliche Meditation bewusst auf Gott ausrichten wollen. Auch hier ist wichtig: Das Gebetswort oder die Anrede an Gott ist nicht »Gegenstand« der Meditation. Das kurze Gebetswort signalisiert Ihnen vielmehr: Lassen Sie das Kreisen um Ihre eigenen Gedanken, um Ihre versteckten und offenen Absichten los, um sich von der göttlichen Mitte anziehen zu lassen, von der Sie das eine und andere schon wissen, die Ihnen aber in vielem immer Geheimnis bleibt.

Die nichtgegenständliche Meditation ist ein Bei-sich-bleiben, körperlich und räumlich verstanden. Und alles, was einem durch den Kopf und das Herz schwirrt, gilt als Ablenkung; es führt von einem weg und wird als Falle betrachtet. Die nichtgegenständliche Meditation ist von einer tiefen Sprachskepsis geprägt – die Sprache gaukelt uns vor, wir hätten die Realitäten des Lebens begriffen, in den Wörtern und Begriffen hätten wir mit den Realitäten selbst zu tun –, in ihrer Stille unterwandert sie die Sprache und ihr vordergründiges Bescheidwissen.

Als ich eine Gruppe von Schülerinnen und Schülern in die Meditation einzuführen hatte und merkte, dass meine gewohnten Formulierungen bei ihnen gar nicht ankamen, beschränkte ich mich auf die Anweisung, sie sollten während der Meditation mit ihrer Aufmerksamkeit einfach im Raum bleiben, in dem wir uns aufhielten. Jeden Gedanken, der sie anderswohin führen wollte, sollten sie loslassen, sobald ihnen die Tendenz der Gedankenverknüpfung bewusst wurde. Und bei der zweiten Meditationsübung schränkten wir den Raum noch mehr ein, und zwar auf den Raum ihres Körpers. Die jungen Leute erlebten eine für sie ungewohnt dichte Präsenz.

Jeden Tag ein Stäbchen

Die nichtgegenständliche Meditation gibt es, wie die methodischen Hilfsmittel es schon andeuten, in verschiedenen Ausformungen. Ich habe sie zuerst im Sinne der Kontemplation kennengelernt. Ein Kartäusermönch brachte sie mir bei. Später traf ich den japanischen Zen-Meister Tetsuo Nagaya. Etwa zehn Jahre lang besuchte ich immer wieder die von ihm geleiteten Sesshins, wie die strengen Übungszeiten bezeichnet werden. Bei einem Aufenthalt in Thailand kam ich auch in Kontakt mit der Vipassana-Meditation. Eine moderne, therapeutisch ausgerichtete Variante dieser Meditation begegnete mir wieder in den Büchern und Kursen von Jon Kabat-Zinn. Ich erwähne diese verschiedenen Möglichkeiten mit Grund. Gerade weil die nichtgegenständliche Meditation so einfach ist und uns auf das Wesentliche reduziert, sind kleine Nuancierungen oft sehr entscheidend – sei es als Hilfe, sei es als Blockierung – Nuancierungen der Methode, Nuancierungen des Leiters oder der Leiterin, Nuancierungen der Atmosphäre, die von der Meditationspraxis ausgeht.

Ich erinnere mich zum Beispiel an einzelne Meditationen während eines Sesshins. Der Körper schmerzte vom vielen Sitzen. Die Anstrengung – ich wollte nicht mehr ständig auf die eigenen Gedanken hereinfallen, nicht mehr ständig den inneren Spielchen nachgehen, mit denen ich mir seit Jahren die Zeit vertrieb – machte mich müde. Es wurde mir immer klarer, dass die Meditation nichts für mich war, zumindest nicht in diesem zeitlichen Ausmaß. Ich wollte die nächste größere Pause abwarten und mich dann verabschieden ... Was mich umstimmte und zurückhielt, war die herzliche Liebe, die von Tetsuo Nagaya ausging. Diese Art von Stille und Sammlung, herzlich, offen, interessiert, unverkrampft, zuversichtlich, war für mich erstrebenswert.

Einer der Grundsätze von Tetsuo Nagaya lautete: Jeden Tag ein Stäbchen! Damit meinte er: Es ist gut, jeden Tag zu meditieren. Die Dauer einer Meditation maß er nicht an der Uhr, sondern an

einem Räucherstäbchen. Zu Beginn der Meditation zündete er es an; wenn es erlosch, galt dies als Zeichen für den Abschluss. Der Duft des Räucherstäbchens schuf eine angenehme Atmosphäre, zugleich lud es zur spirituellen Haltung der Hingabe ein. – Jeden Tag einmal sich aus all den Verknüpfungen, Ängsten und Erwartungen herausnehmen, einfach werden, einfach im Sitzen und Atmen, aufgehen im einzelnen Augenblick, ohne dass dieser Augenblick mehr sein muss als dieser Augenblick ... Was möglicherweise wie eine Herabminderung des Menschen klingen mag, wie eine Verarmung, stellt sich als eine Übung der Kräftigung und der Klärung heraus.
Tetsuo Nagaya betonte gern, dass eine intensive Praxis der Zen-Meditation durchaus die Spontaneität und die Lust, die Initiative zu ergreifen, etwas dämpfen konnte, dass sie aber die Reaktionsfähigkeit, dem Gegenüber, der Situation wirklich zu entsprechen, fördere und dadurch wieder wettmache, was möglicherweise durch den Mangel an Spontaneität verloren ging. – Dass Spontaneität durchaus in Frage gestellt werden kann, wird in der Fachliteratur zum Thema der Verlangsamung öfter formuliert, so etwa aus östlicher Sicht bei Manfred Folkers:

»Diese an sich wundervolle Fähigkeit [die Spontaneität] ist an Gewohnheiten gebunden. Gerade im spontanen Handeln drückt sich das alte fehlgeleitete, von Gier, Abneigung und Ablenkung bestimmte Verhalten aus. Wer sich bewusst verlangsamt und bemerkt hat, wie unklug und unheilsam er oder sie manchmal agiert, wird nun in vielen Situationen zu zögern beginnen. Bevor sich eine neue und gesündere Spontaneität herausbildet, bedarf es der Übung, um allmählich wieder wie von selbst, sozusagen absichtslos aus klügeren und achtsameren Gewohnheiten heraus, spontan handeln zu können.«[19]

In den letzten Jahren nimmt bei mir eine Form der nichtgegenständlichen Meditation immer mehr Raum ein: die Meditation im Gehen. Sie lebt davon, dass es gelingt, den Gehrhythmus auf den Atemrhythmus abzustimmen. Ob wir pro Atemzug einen oder mehrere Schritte tun, hängt davon ab, ob wir die Gehmeditation in einem Raum oder im Freien vollziehen, ob wir Lust haben auszuschreiten oder es vorziehen, minimale Schritte zu gehen. Ähnlich wie die Meditation im Sitzen sollte die Meditation im Gehen zwanzig Minuten oder länger dauern. Auch bei ihr geben wir uns körperlich eine Form, wir achten darauf, dass wir aufgerichtet gehen und die Haltung der Arme der Sammlung dient. Wenn wir mit dem Ausatmen gern ein Wort verbinden, können wir dies auch während des Gehens tun, mit jedem Schritt legen wir das Wort auf den Boden, sprechen es in den Boden hinein. Auch bei der Meditation im Gehen sollten wir nicht gestört werden.

Durch das leicht ritualisierte Gehen, das unsere Aufmerksamkeit möglicherweise mehr fordert als das Sitzen, gelangen wir in eine gute Sammlung und innere Stille. Weil das Gehen eine Portion der Aufmerksamkeit immer auch nach außen holt, auf den Weg, den Boden, den Raum, sind wir weniger als beim Sitzen in Gefahr, wegzudösen und uns wegzuträumen.

Was einem bei der Meditation im Gehen aufgehen kann, dafür hat der Dichter Werner Lutz Worte gefunden:

»Schritt um Schritt ohne Zweifachschritte
ohne Vierfachschritte
aber auch ohne Bruchteilschritte
eine große Einfachheit
haftet an einem ganzen gewagten Schritt«[20]

Am Ende des Gebetes

Die nichtgegenständliche Meditation ist im Rahmen der christlichen Spiritualität als Kontemplation bzw. kontemplatives Gebet schon immer geübt worden. Viele Aspekte der Kontemplation sind bereits berührt worden: die Einfachheit, der Verzicht auf Worte und auf Bilder, der Mut, einfach da zu sein und damit zu rechnen, dass Gott ebenfalls da ist. Ein Aspekt aber ist noch nicht zur Sprache gekommen, er lässt sich als mystischer Aspekt bezeichnen: Menschen erfahren in der Kontemplation Anregungen, eine Erfüllung, eine Freude, eine innere Sicherheit, die sie nicht von ihrem Meditieren herleiten und die sie mit Gott in Zusammenhang bringen. Konkret: Wer sich der Kontemplation widmet, achtet – bei aller Disziplin und bei allen methodischen

Schritten – darauf, ob und in welcher Art und Weise Gott in der inneren Stille zu wirken beginnt. Es sind die spirituellen Lehrerinnen und Lehrer, die dank der eigenen Erfahrung erspüren können, ob die Erlebnisse auf Gott zurückzuführen sind oder lediglich eigene Phantasieprodukte darstellen.

Auch die Kontemplation beginnt mit der gewohnten Sammlung. Dann kann das Bewusstsein auf ein kurzes Gebetswort konzentriert werden, das im Atemrhythmus oder unabhängig vom Atem wiederholt wird. Bestimmte Mystikerinnen und Mystiker benützen auch umfangreichere Gebete, die sie aber zwischen den einzelnen Sätzen oder sogar zwischen den einzelnen Worten unterbrechen, um in die Stille zwischen den Worten hineinzulauschen. Oft ist dann die Zeit der Stille, des Lauschens um ein Vielfaches länger als die Zeit der Gebetsworte.

Das Lauschen, die nach innen gerichtete Aufmerksamkeit, dient der Wahrnehmung von Gottes Präsenz und Wirken. Viele Mystikerinnen und Mystiker haben versucht, dieses göttliche Wirken zu beschreiben oder Formen der Kontemplation zu definieren, die sich nach dem Grad der Intensität von Gottes Präsenz voneinander unterscheiden. Teresa von Avila, eine spanische Mystikerin des 16. Jahrhunderts, hat mit ihren sehr klaren und authentischen Beschreibungen eigener Kontemplationserfahrungen damals und heute unzähligen Menschen helfen können. In ihren Werken *Das Buch meines Lebens, Weg der Vollkommenheit* und *Wohnungen der Inneren Burg* unterscheidet sie drei Formen oder Stufen der Kontemplation: das Gebet der Sammlung, das Gebet der Ruhe und das Gebet der Gotteinung. Jede dieser Formen ist für sie durch eine stärker bestimmende Aktivität Gottes gekennzeichnet. Sie erlebt sich in der Kontemplation als passiv Empfangende. Es kommt zu Erfahrungen, die sie nicht »machen« kann. – Diesen drei Formen oder Stufen der Kontemplation stellt sie, nach dem Sprachgebrauch ihrer Zeit, die »Meditation« gegenüber, eine Art geführte Meditation, bei der es damals wichtig war, möglichst viele theologische Gedankengänge und fromme Gefühlslagen zu absolvieren und zu verinnerlichen. Teresa von Avila mochte die Meditation nicht. Sie fand, dass diese weder der Größe Gottes noch der Größe des Menschen entsprach. Der Liebe, die zwischen Gott und Mensch aufbrechen konnte, entsprach nur die Freiheit der Kontemplation.

»Es geht über alle Freuden der Erde, über alle Beseligungen und Beglückungen hinaus und mehr noch: Es hat nichts mit dem zu tun, von wo diese Beglückungen oder die der Erde herkommen, denn die fühlen sich ganz anders an [...]. Ich sagte einmal, dass es so ist, als ob man sie an der rauen Haut des Körpers oder aber im Knochenmark spürte, womit ich es genau getroffen habe, denn ich weiß nicht, wie ich es besser sagen sollte. [...].
Gott macht sich derart im Innern dieser Seele fest, dass sie keinesfalls daran zweifeln kann, dass sie in Gott und Gott in ihr war [...]. So fest bleibt ihr diese Wahrheit eingeprägt, dass sie diese niemals vergisst, noch daran zweifeln kann, dass es so war, auch wenn sie Jahre verbringen sollte, ohne dass Gott ihr diese Gnade noch einmal erwiese.«[21]

Im *Handbuch für Friedensstifter* des Dichters Robert Lax findet sich ein längeres Gedicht mit dem Titel *Kontemplation.* In prägnanten Wendungen hebt er hervor, was ihm an dieser Meditationsform zentral ist. Zwei Strophen des Gedichts sind auf der folgenden Seite abgedruckt. Gleich zu Beginn des Gedichtes betont Robert Lax: Die Schau nach innen öffnet auch die Augen für ein verantwortungsvolles Sehen. Oder gegen Ende des Gedichtes die Betonung des Vertrauens. Wer in dieser Art meditiert, sollte es im Vertrauen tun, dass ihn das Leben genau dorthin führt, wo er im Tiefsten hingelangen möchte.

Kon
tem
pla
tion

ist

schau
en

*

was

ge
schieht

beim

schau
en

?

du

fängst

an

zu

se
hen

im

fluss

zu

blei
ben

bei

der

kon
tem
pla
tion

heißt

dort
hin

ge
lan
gen

wo

du

hin
ge
hörst[22]

Wer langsam geht ...

▲ SCHRITT FÜR SCHRITT (3)

➜ Lassen Sie sich bewusst stehen, das Gewicht gleichmäßig auf beide Füße verteilt. Stellen Sie sich innerlich darauf ein, langsam und bewusst zu gehen, bei jedem Atemzug einen Schritt.
➜ Suchen Sie für die Hände und Arme eine Haltung, die für Sie angenehm ist, die Ihnen aber auch Form gibt und Ihre innere Sammlung zum Ausdruck bringt.
➜ Achten Sie auf Ihre Atembewegung. Vermeiden Sie jegliche Beeinflussung der Atmung.
➜ Sobald Ihnen der Atemrhythmus vertraut ist, beginnen Sie zu gehen: Vollziehen Sie mit jedem Atemzug einen Schritt. Achten Sie darauf, dass die Gehbewegung, konkret: das Auf- oder Abrollen der Fußsohle, genauso lange dauert wie das Ein- oder Ausatmen, als ob der Atem Ihr Gehen auslösen würde.
Falls Sie bei der nichtgegenständlichen Meditation mit einem Wort üben, können Sie dieses Wort auch in der Gehmeditation aufgreifen: Während des Ausatmens legen Sie mit Ihrer Fußsohle das Wort auf den Boden, treten es in den Boden.
➜ Achten Sie darauf, dass Sie Ihrem Gehen nicht aus weiter Distanz, vom Kopf her zuschauen. Gehen Sie im Gehen auf: Ihre Aufmerksamkeit liegt in den Füßen, den Beinen und dem Becken. Nehmen Sie wahr, wie Sie sich bewegen.
➜ Bleiben Sie 15 bis 20 Minuten im Gehen. Lassen Sie die Übung in einem abschließenden Stehen ausklingen.

Fingerspitzengefühl oder das Herz zuvorderst

Wenn ich an die Übungswochen mit Tetsuo Nagaya zurückdenke, erinnere ich mich vor allem an die Mischung von Ehrfurcht und Wohlwollen, die das Klima bestimmte. Sie ist typisch für das Gelingen der nichtgegenständlichen Meditation. Ich weiß, dass auch andere Reaktionen möglich sind: Wer sich immer wieder so radikal reduziert, wie das beispielsweise zur Zen-Praxis gehört, und dabei nicht das Herz entdeckt, kann hart und zynisch werden. Die Reduktion führt dann nicht zu einer Intensivierung der Lebenserfahrung, sondern zu einer Abküh-

lung. Nichts kann solche Menschen mehr berühren. Die innere Disziplin entfaltet eine Gefrierfachmentalität.
Gedacht ist es anders: Die Reduktion soll den Wert jeder einzelnen Erfahrung betonen, Sorgfalt und Liebe einüben. Der Fachausdruck dafür lautet Achtsamkeit. Während der Meditation sind es der eigene Körper, die Atembewegung, die unterschiedlichen Empfindungen, die liebevoll wahrgenommen, akzeptiert und wieder freigegeben werden. In einer Kurswoche sind es zudem die Gegenstände im Übungsraum, in der Küche, im Speiseraum, auf dem Zimmer, diese Räume selbst, die Umgebung und natürlich die anderen Kursteilnehmenden, die in Respekt wahrgenommen, akzeptiert und wieder freigegeben werden – etwas oder jemanden respektvoll wahrzunehmen muss nicht bedeuten, aus ihnen eine Geschichte zu machen. Zurück im Alltag kann die Achtsamkeit dem ganzen Alltag gehören oder auch bestimmten Abschnitten des Tages, denen wir eine besondere Aufmerksamkeit schenken möchten.

Meditation
GANZ GEGENWÄRTIG

Falls Sie sich regelmäßig den Meditationsübungen gewidmet haben, ist Ihnen jetzt bei der Lektüre des Kapitels sicher aufgefallen, dass Sie in den vorangegangenen Meditationsübungen die nichtgegenständliche Meditation ansatzweise vorweggenommen haben. Sie soll jetzt vertieft werden.
Falls Sie sich mit der Meditationsübung im Kapitel *In der Zeit unterwegs* noch nicht beschäftigt haben, ist es von Vorteil, wenn Sie sie einüben, bevor Sie zu dieser Meditationsübung übergehen.

Wählen Sie, noch bevor Sie mit der Meditation beginnen, ein Wort, das für Sie Präsenz, Gegenwärtigkeit, Sammlung ausdrückt. Lassen Sie es ein kurzes Wort sein, ein Wort, das auch vom Klang her eingängig ist, ein Wort, das Ihnen mit der Zeit auf angenehme Art nachlaufen kann. Dieses Wort setzen Sie in Ihrer Meditation ein.
→ Nehmen Sie sich 20 bis 30 Minuten Zeit. Achten Sie darauf, dass Sie in dieser Zeit nicht gestört werden.
→ Richten Sie sich in der Meditationshaltung ein.

→ Lassen Sie sich zur Ruhe kommen, indem Sie Ihre Aufmerksamkeit auf den Körper lenken. Achten Sie auf die Empfindungen, auf die Signale der Nahsinne, die in Ihr Bewusstsein kommen, etwa in der Form einer Körperreise. In der gleichen Art und Weise lenken Sie die Aufmerksamkeit auf die Atembewegung. Verweilen Sie schließlich mit Ihrer Aufmerksamkeit bei jenem Körperbereich, in dem Ihre Stille zu Hause ist.

→ Überlassen Sie sich ganz der Präsenz, die Sie erreicht haben. Das ist ein wortloses Geschehen, voller Aufmerksamkeit und Wachheit. Da Sie schnell abgelenkt und durch Gedanken fortgezogen werden können, ist es von Vorteil, wenn Sie Ihre Aufmerksamkeit wieder auf die Atembewegung richten. Geben Sie ihr Gewicht, indem Sie während des Ausatmens in Ihrem Innern das Wort bedächtig klingen lassen, das Sie gewählt haben.

Aller Wahrscheinlichkeit nach werden Sie mehrfach merken, dass Sie abgelenkt worden sind. Das ist normal. Sobald Sie es merken, kehren Sie zurück zur Atembewegung und zu dem Wort, das Sie mit dem Atem verbinden.

Leben als Herzenssache

Von den vielen Nebensächlichkeiten
eine auswählen
und zur Hauptsache machen
WERNER LUTZ

Ich habe nicht nachgezählt, aber ich vermute, dass eines der Wörter, die in diesem Buch sehr häufig vorkommen, vor allem wenn auch die Übungstexte in die Auswertung mit einbezogen werden, das Wort *achten* ist. Immer wieder werden Sie eingeladen, auf etwas zu *achten.* In der deutschen Sprache gibt es mehrere Wörter, die vom Wort *Acht* abhängen: *achtgeben, achthaben, achtlos, achtbar, Achtung.* Bei all diesen Wörtern schwingt im Sinn der Wortwurzel Aufmerksamkeit, Respekt, Rücksicht, Sorgfalt, Ehrfurcht mit. Auch bei der *Achtsamkeit,* mit der sich dieses Kapitel beschäftigen wird. Sogar im anderen Wort *Acht,* mit dem Beigeschmack von *Ächtung,* klingt der Respekt mit, nur jetzt unter einem strafenden Vorzeichen: Die Aufmerksamkeit ist eine ausschließende Aufmerksamkeit, jemand wird gebannt, aus der Gemeinschaft ausgeschlossen, sein weiteres Verbleiben würde die anderen gefährden.

Achten: jemandem oder etwas mit Respekt begegnen – den Wert einer Person oder einer Sache oder eines Vorgangs würdigen, unabhängig davon, ob er oder sie mir von Nutzen ist – bereits in der Wahrnehmung rücksichtsvoll bleiben, um nicht zu bedrängen oder zu vereinnahmen.

Achtsam atmen: Ich erinnere mich noch, mit welchen Gefühlen diese Entdeckung bei mir verbunden war, auch mit welchem

Glück! Diese Lebensbewegung, die ich nie als etwas Besonderes wahrgenommen hatte – am ehesten noch, wenn ich erkältet war –, nun nah zu spüren, sie bei jedem Atemzug zu begrüßen und zu verabschieden, sie gelten zu lassen, als ob sie etwas Eigenständiges, von mir Losgelöstes, mir jetzt Geschenktes wäre. Und ich erinnere mich, wie diese Entdeckung während der Meditation sich nach der Meditation in weiteren Entdeckungen fortsetzte. Bis heute sind mir die Blumen gegenwärtig – ihre Farben, ihr Duft, ihre Bewegungen –, die ich bei einem Spaziergang durch den Garten des Kurshauses wahrnahm. Die Intensität jeder einzelnen Wahrnehmung war so stark, dass es in mir nach keiner weiteren mehr verlangte. Die eine Wahrnehmung schien für die nächsten paar Jahre auszureichen ...

Jetzt + Herz

Viele Menschen, die bewusst spirituell unterwegs sind, betrachten die Achtsamkeit als eine östliche, buddhistische Haltung. Die Achtsamkeit hat aber in der christlichen Tradition ebenfalls einen großen Stellenwert, möglicherweise mit etwas anderen Akzenten als im Buddhismus. Sie ist jedoch – unter dem Einfluss »nützlicherer Tugenden« – etwas ins Abseits geraten. Wer heute von Achtsamkeit spricht, geht zuerst einmal von den Anweisungen Buddhas aus, bei der Meditation ganz gegenwärtig zu sein und die Aufmerksamkeit auf den Atem zu lenken, für Buddha eine Grundvoraussetzung für jede weitere Entfaltung der Achtsamkeit: Nur was uns an uns selbst aufgeht, können wir auch bei anderen wahrnehmen.

Detlef Kantowsky und Ekkehard Saß übersetzen die entsprechenden Ausschnitte aus den Lehrreden Buddhas folgendermaßen:

»Die Atembeobachtung habe ich selbst als besonders hilfreiche Übung erfahren und darum meinen Nachfolgern immer wieder ans Herz gelegt. Man kann sie in allen Lebenslagen als Mittel der Vergegenwärtigung nutzen, um nie die Besonnenheit zu verlieren. Als wirksame Sammlungsübung sollte sie aber auch in zeitweiliger Zurückgezogenheit gepflegt werden.

Achtsam atmet man ein, achtsam atmet man aus.
Wenn man lang einatmet, macht man sich klar:
›Ich atme lang ein.‹
Wenn man lang ausatmet, macht man sich klar:
›Ich atme lang aus.‹
Wenn man kurz einatmet, macht man sich klar:
›Ich atme kurz ein.‹
Wenn man kurz ausatmet, macht man sich klar:
›Ich atme kurz aus.‹

Mit der bewussten, ganz zwanglosen, wie von selbst einsetzenden Verlangsamung des Atems kommt es zur tieferen Wahrnehmung des gesamten Körpergefüges und zu seiner allmählichen Beruhigung. Mit jedem Atemzug übt man.

›Den ganzen Körper werde ich deutlich spüren, von der Fußspitze bis zur Schädeldecke.‹
›Das ganze Körpergefüge mit seinen Spannungen werde ich beruhigen.‹

Man verfährt ganz so wie ein geschickter Drechsler, der genau weiß, ob er kurz oder lang mit seinem Messer am Holz anzusetzen hat, um es in eine bestimmte Form zu bringen.

So wie der Atem kommt und wieder geht, so kommt dieses Leben und so geht dieses Leben wieder. Immer wieder entstehen Dinge, immer wieder vergehen Dinge, Gefühle, Wahrnehmungen, Gedanken und Bewusstseinsmomente. Indem man das ›Gesetz der Welt‹ so betrachtet, kann man sich innerlich davon lösen und unerschütterliche Ruhe gewinnen. Man zieht auf die Insel des eigenen SELBST um und erfährt dort das Glück der Stille.«[23]

Diese Zusammenstellung betont zwei Elemente, die bei der Achtsamkeit immer zusammenspielen. Zum einen: Die Achtsamkeit ist an einen konkreten Vorgang gebunden; nur im Vollzug kann Achtsamkeit entstehen. Zum andern: Wenn Achtsamkeit gelingt, weitet sie sich aus und erschließt grundsätzliche Erkenntnisse. Wer dem Atem achtsam begegnet, ihn nicht in eine bestimmte Form zwingt, ihm nicht Absichten und Anstrengungen

überstülpt, der kann darauf vertrauen, dass sich ihm über die Atem-Wirklichkeit hinaus die Lebenswirklichkeit erschließt.
Es ist vor allem Thich Nhat Hanh, der in den letzten Jahrzehnten die Achtsamkeit in ihrer buddhistischen Prägung in den deutschsprachigen Ländern bekannt gemacht hat. In seinen Büchern und Friedensaktionen spielt sie eine zentrale Rolle. Er legt Wert darauf, dass die Achtsamkeit von Anfang an nicht nur in der Meditation, sondern auch im Alltag geübt wird. Er schlägt seinen Schülern und Schülerinnen vor, einen Tag der Woche ganz dem Achtsamkeitstraining zu widmen; dadurch wird ihnen die Achtsamkeit vertraut und es gelingt ihnen, sie zu einer alltäglichen Selbstverständlichkeit werden zu lassen. Eine wundervolle Selbstverständlichkeit! Denn Achtsamkeit kann nie zur Routine verkommen.
Wenn Thich Nhat Hanh beschreibt, wie er sich einen Achtsamkeitstag vorstellt, klingt es, als ob er der heute üblichen Beschleunigung und Temposchwärmerei bewusst ein Kontrastprogramm gegenüberstellen wollte. Seine Worte machen auch deutlich, dass aus der Achtsamkeit, die im ursprünglichen Buddhismus der Kontrolle des Bewusstseins diente, mehr geworden ist: eine liebevolle Haltung der Wertschätzung.

»Noch im Liegen fangt langsam an, eurem Atem zu folgen – macht lange und bewusste Atemzüge. Steht dann langsam auf – statt wie üblich mit einem Satz aus dem Bett zu springen – und stärkt eure Achtsamkeit mit jeder Bewegung. Wenn ihr dann aufgestanden seid, putzt eure Zähne, wascht euer Gesicht und führt alle morgendlichen Handlungen ruhig und entspannt aus. [...]
Was auch immer ihr tut, macht es langsam, entspannt und voller Achtsamkeit. Erledigt keine Arbeit mit dem Gefühl, sie schnell hinter euch bringen zu wollen. Entschließt euch dazu, jede Arbeit entspannt zu machen, mit all eurer Aufmerksamkeit. Freut euch daran und seid eins mit der Arbeit. Ohne das hat der Tag der Achtsamkeit keinen Wert. Das Gefühl, dass irgendeine Arbeit eine Last ist, verschwindet sehr schnell, wenn ihr sie achtsam tut. [...]
Trinkt euren Tee langsam und voller Achtung, so als ob das die Achse sei, um die die Erde sich dreht – langsam, gleichmäßig und ohne auf die Zukunft hinzueilen. Lebt den konkreten

Augenblick. Nur dieser konkrete Augenblick ist Leben. Hängt nicht an der Zukunft. Macht euch keine Sorgen über das, was ihr zu tun habt. Denkt nicht ans Aufstehen oder Weggehen, um irgend etwas zu erledigen. Denkt nicht daran, ›abzureisen‹.«[24]

Thich Nhat Hanh berichtet, dass das ursprüngliche Wort für Achtsamkeit in der chinesischen Überlieferung des Buddhismus mit einem Schriftzeichen wiedergegeben wird, das aus den beiden Teilen »Jetzt« und »Herz« zusammengesetzt ist. So betont das Schriftzeichen die Präsenz und die Herzensverbindung.

»Verliert euch nicht in der Vergangenheit. Verliert euch nicht in der Zukunft. Lasst euch nicht von eurem Ärger, euren Sorgen oder Ängsten überwältigen. Kommt zurück in den gegenwärtigen Augenblick und berührt das Leben in seiner ganzen Tiefe. Das ist Achtsamkeit.«[25]

ACHTSAMKEITSTAG, -STUNDE, -MINUTE, -SEKUNDE ▲

Diese Übung hat zwei Teile, einen Rückblick und einen Ausblick. Beginnen Sie unbedingt mit dem Rückblick.

Nehmen Sie sich Zeit – im Liegen oder Sitzen, auf einem Spaziergang, allein oder im Austausch mit jemand anderem –, vergangene Tage oder auch Wochen zu begutachten:

→ In welcher Art ist Ihnen die Achtsamkeit bereits vertraut? Im Sinne einer bewussten Übung?
→ Oder eher unbewusst, wenn Sie sich auf eine bestimmte Situation ganz einlassen, zum Beispiel im Kontakt mit einem Ihnen wichtigen Gegenüber?
→ Überlegen Sie sich, inwiefern Sie die in den vorangegangenen Abschnitten beschriebenen Gefühle der Achtsamkeit kennen und wie diese sich bei Ihnen melden.
→ Würden Sie das, was Sie in einem Augenblick voller Achtsamkeit erfahren, anders beschreiben? Wie würde Ihre Formulierung lauten?

Der Ausblick ist gemeint als Planung von »Mehr-Achtsamkeit«:

→ Welche dieser schon geübten oder erfahrenen Augenblicke der Achtsamkeit könnten Sie bewusst ausbauen?

→ Welche anderen Erfahrungsbereiche möchten Sie unter dem Aspekt der Achtsamkeit neu entdecken?
→ Ist es für Sie einfacher, die Achtsamkeit an verschiedenen Tagen zu üben, portionenweise? Oder fällt es Ihnen leichter, dafür einen ganzen Tag zu reservieren, um in diese innere Haltung ganz einzutauchen?
→ Halten Sie fest, womit Sie beginnen.

Im Dialog

Auch die christliche Spiritualität kennt die Achtsamkeit, allerdings mit einem etwas anderen Akzent. Die Bilder, in die die Impulse zur Achtsamkeit eingebettet sind, stammen aus den Bereichen der Liebesbeziehung und des Gottesdienstes. Der Körper ist dann ein Tempel Gottes. Einem anderen Menschen zu begegnen und ihm zu helfen ist Gottesdienst. Überhaupt kann alles, was ein Mensch wahrnimmt, erlebt, tut, in die Wege leitet, Ausdruck jenes ständigen Dialogs sein, in dem Gott und Mensch zusammenkommen. Dies begründet die Sorgfalt, den Respekt, die Herzlichkeit, die Liebe, die von Seiten des Menschen in diesen Dialog investiert werden bzw. im Rahmen dieses Dialogs selbstverständlich sind. Zum Schatz dieser spirituellen Bilder gehört auch die Vorstellung, dass es in jedem Menschen eine innerste Mitte, das Herz gibt und dass in dieser Mitte Gott gegenwärtig ist. Alles Tun des Menschen kann von dieser Mitte her seine Prägung erhalten und ist deshalb voller Zuwendung und Güte. Dass in der christlichen Tradition die beiden Liebesgebote, die Liebe zu Gott und die Liebe zum Nächsten, gleichrangig gesetzt werden, gewinnt im Zusammenhang mit der Achtsamkeit eine neue Bedeutung.

Einen unvergesslichen Ausdruck an Zuwendung und Zärtlichkeit hat die Achtsamkeit bei Franz von Assisi gefunden. Wenn er nicht nur die Menschen, sondern auch die Blumen und Tiere, Sonne und Mond, Feuer und Wasser, ja sogar den Tod als Bruder und Schwester anspricht, so ist diese geschwisterliche Wertschätzung und Zärtlichkeit nichts anderes als eine Form der Achtsamkeit. Bonaventura, selbst Franziskaner, Theologe und Mystiker im 13. Jahrhundert, schreibt in seiner Franziskusbiografie: »Eingedenk, dass alle Dinge letztlich aus Gott sind, war

Franz von überschwänglicher Liebe zu ihnen erfüllt. Auch die geringsten Geschöpfe nannte er deshalb ›Brüder‹ und ›Schwestern‹, wusste er doch, dass sie mit ihm den gleichen Ursprung teilten.«[26] Aktuelle Entwürfe der Schöpfungsspiritualität, etwa bei Matthew Fox, bauen auf dem Respekt dieser Geschwisterlichkeit auf.

Philippe Jaccottet könnte als Dichter der Achtsamkeit bezeichnet werden. Sowohl in seinen Gedichten als auch in seinen Tagebuchaufzeichnungen und Notizen kreist er immer wieder um das Phänomen der Begegnung: Menschen und Dinge, Menschen und Pflanzen, Menschen und Landschaften, Menschen und Kunstwerke können einander begegnen. Doch welche Disposition ist es, die den Menschen zu einer wirklichen Begegnung befähigt? In seinem Werk *Der Spaziergang unter den Bäumen* denkt er ausführlich über diese Art der Begegnung und über ihre Beschreibbarkeit nach. Er fragt sich, in welcher Haltung er selbst zu seinen Erfahrungen gekommen ist. Er kann sie nur mit scheinbar widersprüchlichen Formulierungen wiedergeben:

»Ich sagte mir, dass es darauf ankäme, in der Richtung dieses Unvorstellbaren (das uns anzieht, wie jeder Abgrund) fortzuschreiten *durch die Dichte der Sichtbarkeit hindurch,* in der Welt des Widerspruchs, mit zweideutigen Mitteln und Gefühlen, insbesondere einer Mischung von Liebe und Abgelöstheit, von Eifer und Achtlosigkeit, von Anspruch und Ironie.«[27]

Philippe Jaccottet hält die Zweifel und die mit ihnen verbundene Einsamkeit fest, in die die Achtsamkeit uns versetzen kann. Denn heute leben wir nicht mehr in einer geschlossenen Gesellschaft, die uns religiöse, ethische und spirituelle Wertvorstellungen als verpflichtend auferlegt. Wenn wir religiös oder spirituell leben, so ist dies unser Risiko, unser eigenes Abenteuer. Wenn wir die Achtsamkeit zu leben versuchen, tun wir dies mitten in einer Welt, in der ganz andere Dinge zählen – und ein Stück dieser Welt haben wir ja auch in uns. Sehnsucht nach dem Unvorstellbaren, aber auch die Behaglichkeit im Materiellen des alltäglichen Lebens, beides ist in uns. So gibt es in unserem Bewusstsein ein ständiges Ringen zwischen der Liebe, dem Eifer, dem An-

spruch auf der einen Seite – die Wertschätzung der Achtsamkeit – und der Abgelöstheit, der Achtlosigkeit, der Ironie auf der anderen Seite – die Haltung der Verbrauchermentalität, des Konsumdenkens.
Achtsamkeit ist für Philippe Jaccottet der innere Sinn für das Lichtvolle und Leichte, der Mut, diesem Lichtvollen zu vertrauen, auch wenn es im Alltag noch versteckt, verborgen, verstellt daherkommt, und diesem Lichtvollen zum Ausdruck zu verhelfen. Philippe Jaccottet ist Dichter: Er möchte dem Lichtvollen zum sprachlichen Ausdruck verhelfen. Im alltäglichen Leben sind für uns auch andere Formen des Ausdrucks möglich.

»In meinen Augenblicken der Gewissheit sah ich mich für einen Diener des Sichtbaren an [...]. In meiner Vorstellung strebte alle Materie danach, sich langsam zu verwandeln [...]; ich dachte, dass sie unsern Geist zu Hilfe rufe, um sie ihrer Schwere zu entreißen; dass sie danach verlange, durch uns hindurchzugehen, aus unserem Munde wieder hervorzugehen; als ob alle Dinge bestrebt wären, immer zarter und lichter zu werden, dank der Liebe, die sie uns einflößen, ohne Unterlass aufzusteigen einer Art Gipfel zu; und wenn dieser Gipfel erreicht wäre, würde alles Leid, alle Bewegung, alle Rede von selber in einen Zustand hinein erlöschen, den beschwören oder gar begreifen zu wollen völlig vergeblich wäre. Die (vorläufige) Antwort auf all meine Fragen war also, dass es darauf ankam [...], in aller Einfalt das Leben aller Menschen zu leben, mit offenen Augen; die Welt inständig zu schauen, sie zu lieben in ihrer sterblichen Gestalt, ohne jedoch zu vergessen, dass dieses Schauen, diese Liebe, diese Geduld in einer zugleich erfreulichen und schwierigen Arbeit auf die immer strahlendere Verherrlichung des Lichtes gerichtet sind; und dass das Licht vielleicht, in seiner höchsten Verfeinerung, das Werkzeug des Hinübergangs ist zu dem, was dann weder Licht noch Dunkel sein kann.«[28]

Langsamer geht nicht

Eine Schule der Achtsamkeit wurde für mich Kum Nye. Der tibetische Lehrer Tarthang Tulku hat diese Methode (Körperübungen, Sinnesschulung, Selbstmassage) über seine Bücher und Kurse in den USA und in Europa bekannt gemacht. Als ich Kum Nye kennenlernte, verfügte ich bereits über eine mehrjährige Yoga-Praxis. Die Bewegungen und Stellungen waren für mich nicht neu. Aber neu war die Langsamkeit, mit der in Kum Nye die einzelnen Bewegungen vollzogen werden.

Das Kreisen eines Schultergelenkes etwa, die Dehnung einer Körperseite, das Ausbreiten der Arme, die Verschiebung des Beckens – was auch immer an Bewegung vorgegeben ist – darf bzw. soll bei dieser Methode sehr langsam und sanft vollzogen werden. Bei einer ganz langsam vollzogenen Bewegung hat unser Bewusstsein Zeit wahrzunehmen, was sich körperlich abspielt, aber auch was sich während der Bewegung auf der Ebene der Gefühle verändert und welche Energien uns durchströmen. Bei der kleinsten Bewegung wird uns bewusst, wie sehr die ganze Person mitbeteiligt ist, mitschwingt, sich verändert und entfaltet.

Zu Beginn ertappte ich mich dabei, dass ich vorwärtskommen wollte. Ich hatte mir eine bestimmte Anzahl von Übungen vorgenommen und die wollte ich hinter mich bringen. Schon falsch! Bei jeder Übung konnte ich üben, zu verweilen und gegenwärtig zu bleiben. Eine Übung zu vollziehen war wichtiger, als dass ich sie erledigt hinter mir hatte. Wir alle kennen die weise Aussage: Der Weg ist das Ziel. Dank unserer Prägungen deuten wir die Aussage meistens um. Wir tun, als ob wir mit ihr einverstanden wären, vermuten aber, dass im Weg eine Art Geheimziel eingebaut ist, und nach diesem Ziel suchen wir. Es fällt uns schwer anzunehmen, dass tatsächlich der Weg, der Vollzug, das Üben selbst von Bedeutung ist.

»Wie man eine Landschaft vom Fenster eines schnell fahrenden Zuges aus nicht wirklich genießen kann, so kannst Du auch die Freude an den Entdeckungen nicht richtig auskosten, wenn Du Dich bei einer Übung zu schnell bewegst. Jede einzelne Bewegung kann ganz tief empfunden und anmutig ausgeführt werden: Stelle Dir vor, wie sich ein Tänzer fühlt, wenn er zu tanzen anfängt. Konzentriere Dich sanft auf jede Bewegung ... aber nicht mit einer starren Konzentration, sondern mit jener geistigen Offenheit, die eine echte Achtsamkeit überhaupt erst möglich macht.«[29]

▲ DIE FÜSSE TANZEN LASSEN

Variante 1

→ Stehen Sie bewusst, das Gewicht gleichmäßig auf beide Füße verteilt.

→ Lenken Sie Ihre Aufmerksamkeit ganz auf Ihre Füße. Stellen Sie sich vor, dass Ihre Füße über ein Eigenleben verfügen, das Sie möglicherweise kennen, das Ihnen aber auch verborgen sein kann. Ihre Füße sind voller Gefühle … Was nehmen Sie an Gefühlen wahr?

→ Wie, über welche kleineren und größeren Bewegungen, möchten Ihre Füße ihre Gefühle ausdrücken?

→ Geben Sie der Bewegungsfreude oder der Bewegungsnot Ihrer Füße Raum. Ihre Füße haben selbstverständlich die Freiheit, auch die Beine, das Becken, den ganzen übrigen Körper in ihre Bewegungen mit einzubeziehen.

→ Lassen Sie aus den einzelnen Bewegungen Bewegungsmuster entstehen, aus den Bewegungsmustern einen kleinen Tanz. Achten Sie darauf, dass Sie den Tanz nicht aus dem Kopf heraus konstruieren. Lassen Sie ihn aus den Füßen und Beinen entstehen.

→ Tanzen Sie, solange Ihre Füße und Beine Lust dazu haben.

→ Wenn die Bewegungen abklingen, entspannen Sie sich im Stehen, Sitzen oder Liegen. Bleiben Sie aber in Kontakt mit den Füßen und Beinen: Wenn die Bewegungslust wiederkommt, beginnen Sie von Neuem.

Variante 2

→ Stehen Sie bewusst, das Gewicht gleichmäßig auf beide Füße verteilt.

→ Wenn Sie zur Ruhe gekommen sind, lenken Sie Ihre Aufmerksamkeit ganz auf Ihre Füße. Stellen Sie sich vor, dass Ihre Füße über ein ausgezeichnetes Gehör verfügen, über einen Sinn für Melodien, über ein Rhythmusgefühl … Lassen Sie ein Musikstück laufen, von dem Sie annehmen, es könnte Ihren Füßen gefallen.

→ Wie, über welche kleineren und größeren Bewegungen, möchten Ihre Füße auf das Musikstück antworten?

→ Geben Sie der Bewegungsfreude Ihrer Füße Raum, Ihre Füße dürfen selbstverständlich die Beine, das Becken, den übrigen Körper in ihre Bewegungen mit einbeziehen.
→ Lassen Sie aus den einzelnen Bewegungen Bewegungsmuster entstehen, aus den Bewegungsmustern einen kleinen Tanz. Achten Sie darauf, dass Sie den Tanz nicht aus dem Kopf heraus konstruieren oder einstudierte Bewegungen abrufen! Lassen Sie den Tanz aus den Füßen und Beinen entstehen als ihre Antwort auf die Musik!
→ Tanzen Sie, solange Ihre Füße und Beine Lust dazu haben!
→ Wenn die Bewegungen abklingen, entspannen Sie sich im Stehen, Sitzen oder Liegen. Lassen Sie aber Ihre Füße und Beine weiter hören: Wenn die Bewegungslust wiederkommt, beginnen Sie von Neuem.

Spielregeln

Ich leiste mir selten einen ganzen Achtsamkeitstag, wie Thich Nhat Hanh das vorschlägt, aber ich versuche immer wieder und bei ganz unterschiedlichen Augenblicken des Tages, die Achtsamkeit bewusst zu üben. Manchmal sind es Gespräche, Planungssitzungen, Übungen im Rahmen eines Seminars, manchmal sind es Zeiten des Alleinseins, wenn ich lese, wandere, Musik höre, mich ausruhe, auf dem Balkon zwischen den Blumentöpfen sitze, manchmal sind es die Verpflichtungen, die zu meinem Alltag gehören, Einkauf, Küche, Fahrten mit der Bahn, Besprechungen.

In den letzten Jahren habe ich zehn Spielregeln formuliert. An ihnen orientiere ich mich, wenn ich mich um die Achtsamkeit bemühe. Die folgende Auflistung der Spielregeln bedeutet nicht eine rangmäßige Anordnung; sie ist willkürlich. Die Spielregeln kreisen alle um dieselbe Mitte.

Langsam

Senke dein gewohntes Tempo. Du hast Zeit für das, was du nun tust, bzw. für das, womit du dich nun befasst. Lass deinem Bewusstsein Zeit mitzukommen, dann wird es einverstanden sein.

Wertvoll

Das, was du nun tust, bzw. das, womit du dich befasst, besitzt in sich einen eigenen, von dir unabhängigen Wert. Entdecke, erspüre diesen Wert. Oder halte dich bereit, dass er sich dir erschließt. Dich diesem Wert zu widmen, macht dich wertvoll.

Einzigartig

Damit du den Wert wahrnimmst, achte darauf, dich nur einer einzigen Sache, einem einzigen Vorgang zu widmen. Sei auf Vereinfachung aus. Überlagerungen und Verknüpfungen erschweren die Achtsamkeit, denn sie steigern das Tempo.

Sinnlich

Wenn irgendwie möglich, beziehe deine Sinne mit ein. Schau, rieche, höre, schmecke, berühre. Öffne dich für die Empfindungen, die Signale der Nahsinne, um dich in deinen Gefühlsreaktionen wahrzunehmen und gelten zu lassen, um ganz dabei zu sein.

Staunend

Lass dir durch die spielerische Vorstellung helfen, du würdest etwas zum allerersten Mal tun: Sorgfältig, tastend, vorsichtig lässt du dich darauf ein. Im Tun erfindest, entdeckst du es.

Dialogisch

Achte die Menschen, mit denen du zu tun hast, als Partner, aber auch die Tiere, die Pflanzen und die Dinge. Du stehst in einem Austausch mit ihnen. Geh davon aus, dass du von ihnen ebenso lebst wie sie von dir. Respektiere sie.

Liebevoll

Dein Herz hat Raum. Es spielt mit. Die Beschäftigung wird zur Zuwendung. Du erlebst, wie die Zuwendung zu dir zurückfließt.

Abschiedlich

Es ist dir bewusst, dass die aktuelle Situation, das, was du jetzt tust, früher oder später einen Abschluss finden wird. Lass bei aller Zuwendung keine Bindung aufkommen. Lass bei aller Verantwortung keine Abhängigkeit entstehen.

Vertrauend

Geh davon aus, dass dieser bewusst gelebte Augenblick nicht Zufall ist, er gehört in deine Biografie. Der Sinn, den du erfährst, das Glück, das du spürst, lassen den spirituellen Sinn mitklingen.

Dankbar

Vergiss, dass du eigentlich »nur« üben wolltest. Ruhe, Sicherheit, Glück erfüllen dich. Lass sie in eine große Dankbarkeit münden. Gleicht das Erlebte nicht eher einem Geschenk als dem Vollzug einer Übung?

Wie bei den vorangegangenen Meditationsübungen liegt auch bei der folgenden Meditation viel Gewicht auf der Wahrnehmung der Atmung. Achten Sie darauf, dass aus der Wahrnehmung keine Beeinflussung wird. Lassen Sie den Atem stets fließen in dem Rhythmus und in der Fülle bzw. Leere, die Sie wahrnehmen.

→ Nehmen Sie sich 20 bis 30 Minuten Zeit. Achten Sie darauf, dass Sie in dieser Zeit nicht gestört werden.

→ Richten Sie sich in der Meditationshaltung ein.

→ Lassen Sie sich zur Ruhe kommen, indem Sie Ihre Aufmerksamkeit auf den Körper lenken. Achten Sie auf die Empfindungen, auf die Signale der Nahsinne, die in Ihr Bewusstsein kommen, etwa in der Form einer Körperreise. In der gleichen Art und Weise lenken Sie die Aufmerksamkeit auf die Atembewegung. Verweilen Sie schließlich mit Ihrer Aufmerksamkeit bei jenem Körperbereich, in dem Ihre Stille zu Hause ist.

→ Widmen Sie sich dann der Atmung, im Sinne der Wahrnehmung.

Nehmen Sie die Atembewegung wahr wie ein Forscher, der beobachtet, ohne einzugreifen, der aus der Distanz registriert, was da eigentlich als Atemgeschehen abläuft.

Nehmen Sie die Atembewegung wahr wie ein interessierter Freund, der aus der Nähe merkt, dass die kleinsten Veränderungen des Körpers – infolge der Atembewegung – auch mit Gefühls- und Stimmungsveränderungen verbunden sind.

Nehmen Sie die Atembewegung als am Atem beteiligte Person wahr, liebevoll, dankbar.

→ Schließen Sie die Meditation in einer Art und Weise ab, die Ihrer Achtsamkeit entspricht.

Im Schritttempo

Zu Fuß gehen, das heißt, Eigenzeit in Anspruch nehmen. Dies bedeutet, einen eigenen Rhythmus finden und diesen praktisch werden lassen. In unserer Zeit heißt dies, sich Respekt für die zeitliche Eigengesetzlichkeit ertrotzen.

KARLHEINZ A. GEISSLER

Ein Achtsamkeitstag gelingt mir verhältnismäßig leicht, wenn ich wandernd unterwegs bin. Wandern – das bedeutet, dass ich fünf bis acht Stunden gehe, in einem unterschiedlichen Tempo, und dass ich mir Zeit lassen kann für den Weg, den ich mir vorgenommen habe, aber auch für das Unvorhergesehene. Im Normalfall gehören auch ein Stück Bahn- oder Busfahrt dazu, die An- und Rückfahrtsstrecke, und der Besuch eines Ortes, den ich mir schon lange einmal anschauen wollte. Solche Wandertage strukturieren meine Erholungszeit.

Mir ist aufgefallen, dass mich zu Beginn der Wanderung oft noch die Themen meiner Arbeit beschäftigen. Ich stecke innerlich in einer Debatte, diskutiere ungelöste Fragen, grenze mich von Personen und ihren Meinungen ab, so lebhaft, als ob sie neben mir hergehen würden, ich erkläre oder verteidige, was ich gemacht habe. Es braucht eine Zeit, meistens etwa eine gute Stunde, bis sich die Arbeitstage verabschieden. Wenn mir diese Gespräche auf den Wecker gehen, kürze ich ihre Zeit auch willentlich ab, indem ich meine Aufmerksamkeit, ähnlich wie bei der Meditation, auf die Atembewegung richte und den noch fälligen Gesprächen gegenüber Desinteresse zeige.

Nach dieser Gesprächsphase stellt sich meistens eine Zeit der Stille ein; eine Stille, die ich als eher dumpf erlebe. Ich gehe vor mich hin, fast automatisch. In mir breitet sich eine Stille aus, die mit Müdigkeit vermischt ist. Das ist die Phase, in der ich die Wanderung auch wieder abbrechen könnte. Trotz des Gehens scheint nichts zu laufen.

Mit der dritten Phase setzt dann für mich jene Aufmerksamkeit ein, die mir das Wandern wertvoll macht: die Achtsamkeit. Ich erlebe mich als äußerst gesammelt, ganz bei mir und gleichzeitig ansprechbar und offen für den Reichtum der Umgebung, durch die ich gehe. Pflanzen, Blumen, Sträucher, Bäume, Gräser, Tiere, die auftauchen, Vögel mit ihren Bewegungen und ihrem Gesang, Menschen, denen ich begegne, die Luftströmungen, die mich berühren, die Orte mit ihren Bauten, Straßen und Wegen, mit ihrer Geschichte, all das strömt auf mich zu und teilt sich mir mit. Im Gehen gehe ich in der Wahrnehmung auf.

Wandern – ein Kunststück

Wann genau mir das Wandern wichtig geworden ist, kann ich nicht mehr festmachen. Irgendwie gehört es zu mir, seit sich meine berufliche Tätigkeit hauptsächlich im Sitzen abspielt, als eine Art Gegenbewegung. Es hat allerdings einen neuen Stellenwert erhalten, als ich den Jura entdeckte, eine Landschaft, die sich vor allem dem Gehenden erschließt.

Bei meiner Wertschätzung des Wanderns kommen mehrere Aspekte zusammen. Sicher spielt die rhythmische Bewegung des Gehens eine große Rolle, die Tatsache, dass diese Bewegung über eine längere Zeitspanne hinweg im selben Rhythmus abläuft. Der Rhythmus ist nicht künstlich oder willentlich vorgegeben; er dient nicht einem bestimmten Ziel, das erreicht werden muss. Im Gegenteil, der Rhythmus passt sich an: dem Weg (der Steigung bzw. dem Gefälle) und der Landschaft. Auch meine Tagesbefindlichkeit zeigt sich im Rhythmus.

Das Gehen kennt auch Pausen, kleinere regelmäßige Rastpausen, das Innehalten, wenn ich etwas noch feiner hören, betrachten, riechen oder berühren möchte, das Erkunden, wenn meine Neugierde wach geworden ist. Ich erinnere mich an eine Wanderung, die in St-Cergue begann. Nach einer guten Stunde Wanderung im Bois d'Oujon fiel mir eine Hinweistafel auf. Sie machte darauf aufmerksam, dass in dieser Waldlichtung früher eine Kartause gelegen hatte, eine Klosteranlage, in der etwa vierhundert Jahre lang, bis zur Auflösung des Klosters durch den Staat, Eremiten gelebt hatten. Die Tafel hielt die Grundrisse der Kartause fest. Jetzt war die Lichtung von hoch stehendem Gras bewachsen. Von der Klosteranlage war nichts mehr zu sehen. Doch plötzlich entdeckte ich im hohen Gras die Fundamente der Mauern. Die Anlage, die nach der Aufhebung des Klosters den umliegenden Dörfern als Steinbruch gedient hatte, war so renoviert worden, dass die Fundamente der Mauern freigelegt und als Spuren in der Wiese belassen worden waren. Man konnte alle Mauern der Kartause abschreiten, sich in den einzelnen Räumen, die jetzt auch Räume der Lichtung geworden waren, aufhalten. Ich verweilte längere Zeit in der Kirche, in einem der Eremitenhäuser, in der Bibliothek und auf dem Friedhof – letztlich immer im hohen Gras, aber mit einer je anderen Geschichte unter den Füßen, je anderen Bildern im Herzen ... Meine Wanderung war zu einem Gehen durch die Geschichte, die Vorstellungskraft und die Vergänglichkeit geworden. Eine unvergessliche Lichtung!

Ein weiterer wesentlicher Aspekt ist: Das Wandern ist nur draußen möglich, im Freien, in der Natur, in der Landschaft. Diese Aussage umfasst vielerlei: angefangen beim Wetter, das ich mir nicht aussuchen kann – meine freien Tage muss ich weit voraus planen, sie werden durch die Arbeitstage bestimmt –, bis hin zur Landschaft, die ich vorfinde, die ich anhand der Karte und der Beschreibungen zwar ahnen, aber nicht vorwegnehmen kann. Es gehört zum Wandern, dass Außenfaktoren mitspielen, auf die ich eingehen muss. Das gilt sowohl für die Wanderrouten, die ich bereits kenne, die sich aber verändert haben, als auch für die Wege, die ich zum ersten Mal gehe.

Während einer Wanderung, für die ich ja vieles, mindestens provisorisch, festgelegt habe: Ausgangsort, Wegstrecke, Zielort, Dauer, achte ich auch darauf, welche inneren Daten sich bemerkbar machen: In welcher Verfassung ziehe ich los? Welche Gedankengänge lege ich zurück? In welcher Stimmung komme ich an? Wie viel Zeit nehmen solche Veränderungen in Anspruch?

Diese Fragen verraten, dass das Wandern etwas für mich persönlich ist; im Normalfall bin ich allein unterwegs. Kann ich diese Art des Wanderns mit jemandem teilen, gewinnt es allerdings an Reiz und Kraft.
Es ist mir bewusst, dass meine Sätze über das Wandern möglicherweise romantisch klingen. Gab es das nicht schon mal, ein Wandergedicht nach dem andern? Diese Motive und Chiffren, Bilder und Versatzstücke, die eine verzauberte Wanderwelt wachrufen, der Handwerksbursche unterwegs, Heimat und Heimatlosigkeit, Sehnsüchte nach der Ferne und Sehnsüchte nach dem Vaterhaus, ein Herz, das auf die Blumen und den Vogelgesang anspricht und schließlich mit der Lerche zum Himmel emporsteigt? Tatsächlich liebten einflussreiche Dichter des 19. Jahrhunderts die Vorstellungswelt des Wanderns, ein paar wenige von ihnen sogar das Wandern selbst. Wenn sie dieser Vorstellungswelt in ihren Gedichten so viel Raum gaben, so schufen sie damit – bereits damals! – eine Gegenwelt zu ihrem Alltag. Sie wollten ihrer Verbürgerlichung, die ganz auf die berufliche und gesellschaftliche Anerkennung ausgerichtet war, ihrer atemlosen Sesshaftigkeit eine Alternative gegenüberstellen. Sie überzeichneten sie im Sinne einer Werbestrategie, vielleicht traten sie werbend sogar gegen die eigene Bequemlichkeit und das eigene Karrierestreben an. Ein Meister dieser Wanderpoesie war Joseph von Eichendorff (1788–1857), sein Gedicht *Der frohe Wandersmann* mit der Anfangszeile »Wem Gott will rechte Gunst erweisen« ist unvergesslich. Das Gedicht macht aus der Gegenwelt des Wanderns ein religiöses Geschehen, in dem das Wirken Gottes und das Vertrauen des Menschen zusammenfließen. Wer zu Hause bleibt, ist selbst schuld. Joseph von Eichendorff – abgesehen von den Studienjahren, in denen er öfters den Ausbildungsort wechselte – war im Rahmen des Heeres und der politischen Verwaltung als Beamter tätig ... So blieb ihm die Sehnsucht.

Der Morgen
Fliegt der erste Morgenstrahl
Durch das stille Nebeltal,
Rauscht erwachend Wald und Hügel:
Wer da fliegen kann, nimmt Flügel!

Und sein Hütlein in die Luft
Wirft der Mensch vor Lust und ruft:
Hat Gesang doch auch noch Schwingen,
Nun, so will ich fröhlich singen!

Hinaus, o Mensch, weit in die Welt,
Bangt dir das Herz in krankem Mut;
Nichts ist so trüb in Nacht gestellt,
Der Morgen leicht macht's wieder gut.[30]

Ob Joseph von Eichendorff noch Zeit für Wanderungen fand oder nicht, ob er ein Frühaufsteher war oder nicht: Ahnend wusste er um die Wirkung des Wanderns. – Im Sinne einer bewusst gepflegten Gegenwelt, die uns auch heute nottut, bin ich gerne romantisch oder einfach dem Wichtigsten verpflichtet – wenn ich mich an die Aussagen von Karlheinz A. Geißler halte:

»Das Gehen – und zwar das aufrechte Gehen –, so lehrt uns die Evolutionsgeschichte, hat entscheidend zur Vergrößerung des menschlichen Gehirns beigetragen. Wir sollten uns diese Errungenschaft, auch gegen alle grundsätzlichen Zweifel, ob es denn wirklich eine sei, erhalten und sollten sie auch pflegen. Um dies zu tun, gilt es zuallererst, sich dem weit verbreiteten Irrtum entgegenzustellen, wir würden nur einmal im Leben gehen lernen. Vielmehr ist dies eine Daueranstrengung, die ja mit dem erhebenden Gefühl verbunden ist, sich immer wieder vom Boden lösen und aufrichten zu können. Nur wer immer wieder gehen lernt, kann groß werden und auch groß bleiben. [...] Im Gehen und durch's Gehen weitet sich unser Weltbezug nach innen und außen. Die Gehenden sind frei, da sie gleichzeitig in sich hinein- und aus sich herausgehen können. Gehen, das ist Fortbewegung, aber auch Anhalten, das ist Ruhe, aber auch Aktivität. Gehen und Gehen-lassen, nur so geht's. Ohne Gehen entgeht uns nämlich viel – vielleicht das Wichtigste.«[31]

▲ Gehen lernen, ganz langsam

Sie lesen dieses Buch mit der Bereitschaft, Ihr Leben grundsätzlich zu verlangsamen und im Hinblick darauf das eine und andere in Ihrem Leben zu verändern. Doch oft ist es so, dass wir diese Bereitschaft nicht wirklich aufbringen, das Tempo hat auch seine Vorteile, und wir möchten dazugehören … Und dann kommt der Druck zur Veränderung von außen, langsam, ersichtlich oder auch überraschend, unerwartet.

Nehmen Sie sich Zeit für die folgenden Fragen und halten Sie schriftlich fest, was Ihnen dazu einfällt:

→ Welche Einbrüche kennen Sie – Einbrüche, die Ihnen ein anderes Tempo auferlegen –, sei es aus dem eigenen Leben, sei es aus dem Leben von Menschen, die Ihnen nahestehen? Krankheit – bleibende Beeinträchtigung der Gesundheit – Burn-out-Symptome – Behinderung – Depression – Todesfall

→ Welche Aufbrüche kennen Sie – Aufbrüche, die Ihnen ein anderes Tempo auferlegen –, sei es aus dem eigenen Leben, sei es aus dem Leben von Menschen, die Ihnen nahestehen? Künstlerische Tätigkeit – Lebensrückblick – Begegnung mit anderen Kulturen – spirituelle Krise

Meditation im Gehen

Die Meditation wird üblicherweise im Sitzen vollzogen. Doch kennen die meisten spirituellen Traditionen auch das Meditieren im Gehen – ich habe bereits darauf hingewiesen. Damit sich im Gehen die entscheidende Ruhe einstellen kann, ist wichtig, den Gehrhythmus auf den Atemrhythmus abzustimmen. Aus dem Übungsblock *Wer langsam geht …* kennen Sie bereits die drei Übungen *Schritt für Schritt* (s. Seiten 81, 93, 110). Bei ihnen wird vorgeschlagen, pro Atemzug einen Schritt zu gehen. Das ist sehr langsam und sinnvoll in geschlossenen Räumen oder wenn eine Gruppe von mehreren Personen gleichzeitig in einem Raum das Meditieren im Gehen übt. Für Menschen mit Gleichgewichtsproblemen ist es zu langsam. Im Freien, auf einem Waldweg oder auf einer Wiese, aber auch in einem Kreuzgang oder in den langen und breiten Korridoren, wie sie in Klöstern üblich sind, kann durchaus ein etwas schnellerer Gehrhythmus aufgenommen werden; der Rhythmus der Schritte muss sich lediglich in den Atemrhythmus einpassen und konstant bleiben. Es ist von Vorteil, wenn eine Meditation im Gehen, ähnlich wie die Meditation

im Sitzen, bewusst als Übung vollzogen wird. Das heißt: Sie beginnt zu einem festgelegten Zeitpunkt, dauert ihre Zeit bzw. ihre Strecke und schließt zu einem wiederum festgelegten Zeitpunkt.

Für den *Beginn* empfiehlt sich:

→ ein längeres Stehen. Suchen Sie während dieses Stehens die Haltung, die der Meditation dienlich ist. Achten Sie vor allem auf die Stellung Ihrer Hände und Arme:

Die Hände können auf der Brust oder auf dem Bauch liegen; Sie können sie auch offen wie eine Schale vor dem Unterbauch halten. Wichtig ist dabei, dass Sie Ihre Arme nicht an den Körper pressen. Ihr Rumpf braucht Freiraum für die Atmung!

Eine weitere Möglichkeit besteht darin, dass Sie mit Ihrer linken Hand eine lockere Faust bilden und Ihre rechte Hand über die Faust legen. Platzieren Sie Ihre Hände gleich unterhalb des Brustbeins, sodass der Knöchel des linken Daumens in die kleine Grube unterhalb des Brustbeins zu liegen kommt.

Heben Sie die Ellbogen, sodass sie auf derselben Höhe liegen wie die Hände und Ihr Rumpf im Atem mitschwingen kann. Wenn Sie die beiden Hände leicht gegeneinander pressen, Handrücken gegen Handfläche, stellt sich der Effekt ebenfalls ein; es ist, als ob sich dadurch die Flanken öffnen würden.

→ ein aufgerichtetes Stehen. Loten Sie im Stehen Ihre Dimensionen aus: Mit Ihren Füßen sind sie dem Boden, mit Ihrem Kopf, Ihrem Scheitel dem Himmel verbunden.

→ ein offener Blick. Lassen Sie Ihre Augen nach vorne gehen, als ob Sie die Strecke, die Sie gehen werden, in den Blick bekommen möchten. – Beim Gehen werden Sie den Blick senken, er hat dann Bodenkontakt, ist Ihren Füßen zwei, drei Meter voraus. – Stellen Sie sich innerlich darauf ein, wie lange Sie unterwegs sein werden.

→ die Aufmerksamkeit für den Atem. Lenken Sie die Aufmerksamkeit auf diesen Rhythmus, der Sie prägt. Er bildet die Basisbewegung. Ihre Schritte entfalten sich auf diesem Grundrhythmus. Nehmen Sie innerlich vorweg, in welchem Rhythmus Sie während der Meditation gehen werden: ein, zwei, drei, vier Schritte pro Atemzug …

→ die Präsenz in den Füßen. Lenken Sie Ihre Aufmerksamkeit auf Ihre Fußsohlen – nehmen Sie das Gewicht wahr, das Ihre Füße tragen, und den Kontakt zum Boden –, die Füße als Ganzes, Ihre Beine und Ihr Becken. In diesem Bereich spielt sich das Gehen ab.

→ Und setzen Sie, wenn Sie bereit sind, bewusst den ersten Schritt.

Für die *Zeit des Gehens* empfiehlt sich:

→ eine festgelegte Dauer. Lassen Sie sich, ähnlich wie bei der Meditation im Sitzen, 20 bis 30 Minuten Zeit.

→ die Kontinuität im Gehrhythmus. Achten Sie darauf, dass Sie bald schon in den Rhythmus finden, den Sie sich vorgenommen haben. Falls Sie merken, dass er der Situation des Weges oder Ihrer inneren Verfassung überhaupt nicht entspricht, ändern Sie ihn. Wenn Sie den Rhythmus gefunden haben, halten Sie ihn durch.

→ die innere Verbundenheit mit der Atembewegung und der Bewegung der Füße. Bleiben Sie in einem engen Kontakt mit dem Atem und mit den Füßen. Achten Sie darauf, dass Sie weder in ein routiniertes Gehen – Sie schauen dem Gehen von weitem zu, es geschieht ohne Sie, Sie haben Zeit für alle möglichen Gedanken – noch in ein tranceartiges Gehen fallen – unter dem Einfluss der Regelmäßigkeit geben Sie die Verbundenheit mit dem Körper auf.

→ ein Gebetswort oder ein Mantra. Wenn Sie sich bei der Meditation im Sitzen angewöhnt haben, ein kurzes Gebetswort oder ein Mantra zu wiederholen, können Sie dies auch während des Gehens tun. Verbinden Sie es mit dem Ausatmen (bei einem schnelleren Gehrhythmus) oder mit dem Auftreten Ihrer Füße (bei einem langsameren Gehrhythmus).

→ eine Achtsamkeit für die Nahsinne. Lassen Sie sich nicht durch einladende Außenreize ablenken. Nehmen Sie sie wahr – Sie müssen sich ja orientieren –, aber gehen Sie nicht darauf ein. Das Gewicht liegt auf den Nahsinnen, auf der Wahrnehmung der Empfindungen. Sie verweilen bei sich.

Für den *Abschluss* empfiehlt sich:

→ ein bewusster letzter Schritt. Lassen Sie Ihre Meditationsübung nicht irgendwann, mehr oder weniger zufällig auslaufen. Schließen Sie sie ab und bleiben Sie eine kurze Zeitspanne stehen. Halten Sie die Verbundenheit mit dem Atem aufrecht.

→ eine Geste der Dankbarkeit. Wenn Sie sich der Meditation im

Gehen wiederholt, vielleicht sogar regelmäßig widmen, kann es sinnvoll sein, ähnlich wie bei der Meditation im Sitzen, eine abschließende Geste oder Bewegung auszuführen, in der die Erfahrung gesammelt und aufgehoben wird.

→ ein Rückblick. Wenn Sie es als hilfreich empfinden, blicken Sie – ohne Wertung – kurz auf die Meditation zurück, vielleicht mit den Fragen: Was hat mir geholfen, gesammelt zu bleiben? Was lenkt mich jeweils am stärksten ab? Vertieft sich die Übung, wenn ich mehr bzw. weniger Zeit dafür einsetze? Legt es sich nahe, für die Meditation einen anderen Weg bzw. einen anderen Raum zu wählen?

Wenn ich allein wandere und sich der Weg dafür eignet, schiebe ich gern eine Meditation im Gehen ein. Meine Erfahrung ist, dass sich dadurch die Achtsamkeit noch verstärkt und die Offenheit für die Umgebung noch intensiver wird. Gelegentlich stellt sich ein Erlebnis ein, das nur schwer beschrieben werden kann. Ich bringe es mit der Tatsache zusammen, dass ich zu dem Zeitpunkt, da ich die Meditation im Gehen beginne, schon mehrere Stunden gewandert bin. Zudem spielt sicher mit, dass meine Wahrnehmung bereits auf die Nahsinne eingestellt ist. Konkret: Ich erlebe eine an mir vorbeifließende Landschaft, als ob ich auf der Stelle gehen und die Landschaft an mir vorbeiziehen würde.

Wer langsam geht …

MEDITATION IM GEHEN (1)

→ Bevor Sie beginnen, legen Sie fest, wo Sie gehen und wie lange Sie gehen möchten. Günstig sind wiederum eine Zeitspanne von gut 20 Minuten und ein Weg, auf dem Sie nicht gestört werden.

→ Verweilen Sie im Stehen. Bringen Sie Ihre Hände und Arme in die Position, die Sie auch während des Gehens einhalten werden. Achten Sie auf Ihren Atemrhythmus. Stellen Sie sich vor, welchen Gehrhythmus Sie mit dem Atemrhythmus verbinden werden. Erspüren Sie Ihre Fußsohlen, Ihre Füße, Ihre Beine und das Becken.

→ Beginnen Sie die Meditation mit einem bewussten ersten Schritt. Gehen Sie Schritt für Schritt in einer guten Kontinuität, die aber den einzelnen Schritt nicht aufhebt.

Ihre Aufmerksamkeit liegt beim Atem und bei den Füßen – ein Stück weit auch bei Ihrer Umgebung. Lassen Sie Ihre Aufmerksamkeit offen sein für alles, was Sie umgibt und was auf Sie zukommt, ohne dass Sie sich deswegen damit beschäftigen müssen.

→ Geben Sie dem Atem, dem Gehen und der Umgebung so viel Aufmerksamkeit, dass kein Raum mehr für Gedankengänge vorhanden ist. Das Gehen füllt Sie aus.

→ Lassen Sie sich durch die Regelmäßigkeit des Gehens zur Ruhe kommen.

→ Wenn Sie am Ende Ihrer Wegstrecke oder Ihrer Wegzeit angekommen sind, bleiben Sie noch eine Weile stehen. Nehmen Sie wahr, was sich an und in Ihnen während der Gehmeditation verändert hat.

Schließen Sie die Meditation mit einer Geste oder Bewegung, die Ihnen entspricht, vielleicht mit einer größeren oder kleineren Verneigung, einem Tanz, einem Gebet.

Das menschliche Maß

Im Laufe der Zeit haben wir Menschen alle möglichen Formen der Fortbewegung entwickelt, gemächliche, schnelle und überschnelle. Sie alle machen in bestimmten Situationen vermutlich Sinn. Das Gehen – ohne jegliche Verkomplizierung, ohne jegliche Verzweckung – hat aber nach wie vor meine Sympathie. Es entspricht uns Menschen. Die Schrittlänge ist das ganz individuelle Maß.

Im Wagen, in der Bahn, im Flugzeug, auf dem Rad kommen wir vorwärts, unwidersprochen wahr! Aber wir verlieren den Sinn für den Weg und für das, was auf dem Weg liegt. Wir verlieren die menschliche Perspektive und dadurch sehr oft auch das menschliche Wertgefühl. Im Gehen ist der Mensch auf sein Maß reduziert. Dadurch ist er gezwungen, die Umgebung in den ihm entsprechenden Dimensionen wahrzunehmen.

In den letzten Jahrzehnten ist das Pilgern wiederentdeckt worden, ein eigenartiges Phänomen! Der Jakobsweg ist gefragt; in vielen europäischen Ländern werden die traditionellen Pilgerwege wieder bekannt gemacht und ausgeschildert. Menschen sind wochen-, ja monatelang unterwegs, allein oder in kleinen

Gruppen. Sie geben sich mit einfachen Unterkünften zufrieden, mit dem, was sie vorfinden. Sie bleiben auf dem Weg, auch wenn er landschaftlich unbedeutend, vielleicht sogar hässlich ist. Sie sehnen sich danach, nach Wochen in Santiago anzukommen – vielleicht auch erst nach Jahren, wenn sie den Weg nur in kleinen Jahresetappen gehen können –, doch schon auf dem Weg zu sein ist Teil ihres Glücks. Sie gehören zu der großen, internationalen Gemeinschaft der Pilgernden.

Das Pilgern hat in unserer Zeit einen anderen Charakter als früher. Früher mussten Menschen eine Pilgerfahrt im Sinne einer Bußleistung auf sich nehmen. Pilgern war strapaziös, ein lebensgefährliches Abenteuer, sowohl zu Fuß als auch auf den Schiffen. Niemandem wäre es eingefallen, in den Ferien pilgern zu gehen. Wer genug Geld hatte, kaufte sich einen Stellvertreter und schickte ihn auf die Pilgerreise nach Rom, Jerusalem oder eben Santiago.

Heute können diese Orte problemlos erreicht werden, Flug- und Eisenbahnlinien, aber auch die Autobahnen haben sie als Destinationen integriert. Sie zu erreichen kann nicht mehr das Ziel sein. Das Ziel ist der Weg. Das Menschenmögliche, das im Gehen wiederentdeckt werden kann, die Gemeinschaft, die im Gehen entsteht, und das Verständnis für die Gegend, durch die man gegangen ist, scheinen die Kräfte zu sein, die das aktuelle Pilgern lebendig halten. Wie es jemandem ergeht – wo kann dies besser erlebt werden als auf einem Pilgerweg?

Der Evangelist Johannes liebt es, Jesus bildhafte Aussagen in den Mund zu legen. Denn Bilder bleiben offen, mehrdeutig, deshalb auch einladend. Johannes lässt Jesus sagen: »Ich bin der Weg.« Können wir dieses Bildwort nicht erst verstehen, wenn wir uns auf den Weg machen, wenn wir ins Gehen kommen?

Ich weiß, dass damals das jüdische Gesetz sehr oft als Weg bezeichnet wurde – wer nach dem Gesetz lebt, geht den richtigen Weg, oder: nach dem Gesetz zu leben ist der Weg, der zu Gott führt – und dass der Evangelist Johannes Jesus diesem Gesetz gegenüberstellt: Er ist der Weg zu Gott. Trotzdem möchte ich meine Deutung weiterdenken ...

Jesus, der Weg. Hat Jesus mit dem menschlichen Maß zu tun, wie es sich im Gehen unausweichlich einstellt? Wer in den Evange-

lien liest, dem fällt auf, wie oft Jesus mit seinen Leuten den Ort wechselt, unterwegs ist, ankommt und wieder weiterzieht. Übte Jesus mit seinen Leuten das Gehen? Können wir im Gehen die Größe unseres menschlichen Maßes kennenlernen?

Meditation

● GEHEN

Einen Text zu meditieren bedeutet, ihm in der Stille Raum zu geben, damit er früher oder später – es eilt nicht – in Ihnen wirkt. Seien Sie nicht darauf aus, am Schluss der Meditation sprachliche Ergebnisse vorweisen zu können. Vielleicht will sich der Text in Ihrem Leben auf einer anderen Ebene als der Sprache durchsetzen.

Der Text, ein kurzes Gedicht von Werner Lutz:

Werner heißt er
ich übe mit ihm das Gehen[32]

Werner Lutz scheint seine Person aufzuteilen: in ein »Ich«, das den Überblick hat und die Notwendigkeit, vielleicht auch das Glück des Gehens schon kennt, und in den Rest-Werner, der das Gehen ein Leben lang zu üben hat. Als ob man das Gehen nie genug geübt hätte, als ob man nie genug gegangen wäre … Gehen statt Erstarren, Gehen statt Resignation. Denn das übernächste Gedicht lautet:

Noch ist es zu früh etwas zu wagen
meint der Alte in mir[33]

→ Nehmen Sie sich 20 bis 30 Minuten Zeit. Achten Sie darauf, dass Sie in dieser Zeit nicht gestört werden.
→ Richten Sie sich in der Meditationshaltung ein.
→ Prägen Sie sich das kurze Gedicht in seinem Wortlaut ein.
→ Lassen Sie sich zur Ruhe kommen, indem Sie auf die Empfindungen achten, die in Ihr Bewusstsein kommen, etwa in Form einer Körperreise und der Wahrnehmung der Atembewegung.

Verweilen Sie mit Ihrer Aufmerksamkeit längere Zeit bei und in jenem Körperbereich, in dem Ihre Stille zu Hause ist. Laden Sie sie ein, sich auszubreiten.

→ In diesem Raum der Stille halten Sie sich gemeinsam mit dem kurzen Gedicht auf; von Zeit zu Zeit wiederholen Sie es, Wort für Wort, oder hören Sie es, als ob es als Klang, als ein inneres Wissen in Ihnen seit langem vorhanden wäre.
Nehmen Sie wahr, ob das Gedicht bei Ihnen ankommt, wie es klingt, was es auslöst, welche Lust es weckt.
Und lassen Sie sich immer wieder zurückkehren in die Stille und die Verbundenheit mit dem Atem, der kommt und geht. Wer hat mit ihm das Gehen geübt?

→ Schließen Sie die Meditation mit einer Geste oder einer Bewegung, die Ihnen entspricht.

→ Falls Sie merken, dass Sie Lust haben, sich auch außerhalb der Meditation mit dem Gedicht zu beschäftigen und dem Meditierten Ausdruck zu geben, nehmen Sie sich gleich im Anschluss an die Meditation oder später Zeit dafür.

Huhn oder Ei?
Verlangsamen oder vertrauen?

Langsam werden langsam sein
ohne Hast trinken ohne Hast denken
den vielen Wegen aus den Wegen gehen
das Brot schneiden den Weizen blühen lassen
wo der Weizen blühen will

WERNER LUTZ

Gibt es die Tage, da Sie sich schon beim Aufstehen wünschen, es wäre Abend? Kennen Sie den Spruch: Im Mai – es darf auch ein anderer Monat sein – wird alles besser? Sie leben fixiert auf eine Zukunft hin, angezogen von einem ersehnten oder aber auch gefürchteten Ziel. Die Zeit dazwischen bringen Sie möglichst schnell hinter sich. Sie möchten sie am liebsten abkürzen, alles beschleunigen, damit der entscheidende Zeitpunkt endlich eintrifft ... Und dann? Sie wissen genau, dass Sie sich dann das nächste Ziel setzen oder es sich durch andere setzen lassen. Und die Hast beginnt von neuem.

Es muss in den letzten Klassen des Gymnasiums gewesen sein, als mir die Zeichnung eines afrikanischen Karikaturisten in die Hände fiel. Überspitzt wie Karikaturen nun einmal sind, zeigte sie einen ärmlichen Afrikaner und einen reichen Europäer im Gespräch. Der Afrikaner lag unter einer Palme, entspannt, ruhend, zufrieden. Der Europäer trug alle Attribute eines frisch eingeflogenen Touristen und hatte sich vor dem Afrikaner herrisch aufgepflanzt. Vom Gespräch ist mir geblieben, dass der Europäer nach dem Beruf des Afrikaners fragte. Der war Fischer. Warum er dann nicht arbeite? Der Afrikaner hatte am Morgen

gefischt und gefangen, was er und seine Familie brauchte. Daraufhin entwickelte der Europäer seine Theorie: Er könnte doch mehrfach ausfahren und mehr Fische fangen, als er selbst brauchte. – Wozu? – Dann könnte er die Fische auf dem Markt verkaufen und Geld verdienen. – Wozu? – Dann könnte er mit der Zeit ein größeres Boot oder mehrere Boote kaufen. – Wozu? – Dann könnte er andere Männer des Dorfes für seine Boote anheuern, Arbeitsplätze schaffen, mit der Zeit eine Firma gründen, damit die Fische sowohl auf die umliegenden Märkte gefahren als auch verarbeitet und weltweit verkauft werden konnten. – Wozu? – Dann könnte er sich zwei, drei Wochen Ferien leisten, auf eine Insel fahren und sich unter eine Palme legen, um auszuruhen.
Sie können sich die abschließende Antwort sicher vorstellen: Das tue ich ja gerade.
Das Gespräch zwischen dem Europäer und dem Afrikaner möchte ich an dieser Stelle nicht als Beitrag zu den komplexen Fragen der internationalen Entwicklungspolitik anführen, sondern als Illustration dafür, welche Gespräche in uns ablaufen können. Diese Europäer-Seite gibt es in uns: etwas Unzufriedenes, der Blick auf das Ungenügen, der Wille, um jeden Preis zu einem Noch-mehr zu kommen, verbunden mit der vagen Hoffnung, von diesem Fortschritt profitieren und am Ziel dann auch ausruhen zu können. Wobei das Ziel und die mit ihm verbundene Belohnung meistens sehr hoch gesetzt werden. Denn der Weg zum Ziel ist mit einer derartigen Anstrengung verbunden, dass das Ziel möglichst groß ins Auge gefasst werden muss.
Dieser auf die Zukunft ausgerichteten Mentalität, der jeder Weg recht ist, wenn er nur zum Ziel führt, und zwar möglichst schnell, muss heute bewusst eine andere Haltung entgegengestellt werden, und zwar auf der spirituellen Ebene: die Haltung des Vertrauens. Das Vertrauen ermutigt wahrzunehmen, was im eigenen Leben und in der Umgebung als Ressourcen wirklich vorhanden ist, welche positiven Erfahrungen mit diesen Ressourcen als Basis für eine weitere Entfaltung dienen können. Das Vertrauen inspiriert dazu, den einen und anderen Vorgang privater oder gesellschaftlicher Art zu verlangsamen, nicht weil Langsamkeit das oberste Gebot wäre, sondern damit der eigene, der entsprechende Rhythmus wiedergefunden werden kann.

Die guten Tage

Der bereits erwähnte Zen-Meister Tetsuo Nagaya liebte die Wendung »Jeder Tag – ein guter Tag«. Vielleicht war sie für ihn eine Art Lebensmotto. Ich mag diese Wendung als Ausdruck des Vertrauens, nicht eines naiven Vertrauens, das das Schwere und die Widerstände in unseren Tagen wegreden will, sondern eines spirituell geprägten Vertrauens.

Diese Wendung »Jeder Tag – ein guter Tag« lässt sich in die Sätze übertragen: Gehe davon aus, dass dieser Tag – jeder Tag – die Voraussetzungen in sich trägt, dass du der Kraft und dem Geheimnis deines Lebens ein Stück näherkommst und dass du im Näherkommen die Kraft und das Geheimnis deines Lebens bereits jetzt leben kannst. Vertraue diesem Tag, er ist die entscheidende Zeit deines Lebens. »Entscheidende Zeit«: nicht um die Zukunft vorzubereiten, sondern um den Tag als solchen zu leben. In dieser Aussage aus der Zen-Tradition wohnt ein tiefes Vertrauen.

Das Vertrauen zählt zu jenen inneren Haltungen, die nicht befohlen werden können. Es wächst ganz langsam und bleibt verletzbar. Es muss sich in kleinen Dosierungen ausprobieren und als berechtigt erleben können. Es muss Bestätigung finden, dann wird es größer und umfassender, ja risikofreudig. Mit der Zeit bekommt es einen siebten Sinn dafür, bei welchen Situationen oder Menschen es sich problemlos einbringen kann und wo es sich besser zurückhält.

Ich stärke mein Vertrauen ganz bewusst in der Meditation, und zwar in der Form der gegenständlichen Meditation. Ich wähle mir aus den letzten Jahren, manchmal auch aus meiner Kinder- und Jugendzeit, eine Erfahrung, von der ich jetzt im Rückblick sagen kann, dass mein Vertrauen richtig war und sich gelohnt hat. In der Meditation vergegenwärtige ich mir die damaligen Umstände und Zusammenhänge und lasse wieder aufklingen, was mich damals an Gefühlen der Sicherheit erfüllt hat. So zu meditieren, vertieft in mir das Vertrauen und aktiviert die Lust, auch jetzt vertrauensvoll zu leben. Vertrauen basiert auf Erfahrungen.

»Jeder Tag – ein guter Tag«: Das wachsende Vertrauen, das sich auf den neuen Tag einlässt, bringt ihn anders zum Klingen als das Misstrauen. Es entdeckt ihn anders als die Resignation. Das

Vertrauen geht achtsam auf den Tag zu, deshalb kann er sich in seinem ganzen Wert entfalten.

Leben statt sammeln

Wir haben heute andere gesellschaftliche Fragen als die Menschen zur Zeit Jesu. Vieles, was Jesus gesagt hat, müssen wir deshalb überdenken und umdenken, damit es für uns in seinem Sinne stimmt. Im Zusammenhang mit dem Thema Vertrauen allerdings scheint sich nicht allzu viel geändert zu haben. Die Zeitgenossen Jesu wünschten sich eine andere politische, kulturelle und religiöse Situation. Es musste sich etwas ändern. Während die einen aktiv an dieser Veränderung arbeiteten, gingen die andern davon aus, dass Gott die Veränderung herbeiführen würde; aber in beiden Fällen galt: je schneller, desto besser. Und beide Gruppierungen standen unter dem Stress: Was konnte bzw. musste in die veränderte Situation hinübergerettet werden? Jesus wollte die Veränderung auch; er war überzeugt, dass sie kommen würde. Aber er stellte den beiden Gruppen eine dritte Haltung entgegen: das Vertrauen, dass die Veränderung schon in vollem Gange war. Jetzt war das Neue schon möglich. Die Veränderung hatte schon begonnen, und zwar mit ihm. Wer sich von ihm und seinem Vertrauen anstecken ließ, hatte das entscheidend Neue verstanden.

Jesus hat Sätze von einer einmaligen Sorglosigkeit hinterlassen. Sie betreffen das menschliche Bedürfnis, sich durch Besitz abzusichern. Sie entlarven dieses Bedürfnis, indem sie aufdecken, dass ein übereifriges Sorgen am Eigentlichen des Lebens vorbeigeht. Seine Sätze weisen auf das Vertrauen hin: In dem Maße, in dem wir dem Leben Vertrauen schenken, entdecken wir den Wert des Lebens.

»Macht euch keine Sorgen um Essen und Trinken und um eure Kleidung. Das Essen ist mehr als Essen und Trinken, und der Körper ist mehr als die Kleidung. Seht euch die Vögel an! Sie säen nicht, sie ernten nicht, sie sammeln keine Vorräte – aber euer Vater im Himmel sorgt für sie. Und ihr seid ihm doch viel mehr wert als alle Vögel!
Wer von euch kann durch Sorgen sein Leben auch nur um einen Tag verlängern?«[34]

Der Wert des Lebens: Jesus kannte auch provozierende Geschichten, um auf sein zentrales Anliegen hinzuweisen.

»Hütet euch vor jeder Art von Habgier! Denn das Leben eines Menschen hängt nicht von seinem Besitz ab, auch wenn dieser noch so groß ist.
Ein reicher Gutsbesitzer hatte eine besonders gute Ernte gehabt. ›Was soll ich nur tun?‹ überlegte er. ›Ich weiß nicht, wo ich das alles unterbringen soll! Ich hab's‹, sagte er, ›ich reiße meine Scheunen ab und baue größere! Dann kann ich das ganze Getreide und alle meine Vorräte dort unterbringen und kann zu mir selbst sagen: Gut gemacht! Jetzt bist du auf viele Jahre versorgt und kannst dir Ruhe gönnen! Iss und trink nach Herzenslust und genieße das Leben!‹ Aber Gott sagte zu ihm: ›Du Narr, noch in dieser Nacht musst du sterben! Wem gehört dann dein Besitz?‹«[35]

In seinen Gleichniserzählungen wies Jesus gerne auf Vorgänge in der Natur hin. Seine Zuhörer waren mit ihnen vertraut, sie rechneten damit, dass sie sich in ihrer Gesetzmäßigkeit wiederholten. Dieses Vertrauen nahm er als Bild dafür, wie er selbst und wie auch sie Gott vertrauen konnten. Stark ist das Bild vom Bauern, der nicht Bescheid weiß, der aber zu warten versteht, der Natur vertraut und zum gegebenen Zeitpunkt auch wieder aktiv wird.

»Mit der neuen Welt Gottes [mit der Lebenshaltung des Vertrauens] ist es wie mit der Saat und dem Bauern: Hat der Bauer gesät, so geht er nach Hause, legt sich nachts schlafen, steht morgens wieder auf – und das viele Tage lang. Inzwischen geht die Saat auf und wächst; wie, das versteht der Bauer selber nicht. Ganz von selbst lässt der Boden die Pflanzen wachsen und Frucht bringen. Zuerst kommen die Halme, dann bilden sich die Ähren, und schließlich füllen sie sich mit Körnern. Sobald das Korn reif ist, fängt der Bauer an zu mähen; dann ist Erntezeit.«[36]

Die Juden zur Zeit Jesu stellten sich vor, dass als abschließender Höhepunkt der Veränderungen Gott ein großes Fest veranstalten würde. Jerusalem würde der Mittelpunkt dieses Festes sein, geladen wäre das auserwählte Volk – und je nach Grad der religiösen Toleranz auch die anderen Menschen. Jesus in seinem Vertrauen begann bereits zu feiern. Immer wieder lud er ein oder ließ sich einladen; sein Fest hatte schon begonnen und hielt sich nicht an gesellschaftliche Grenzen. Jesus feierte auch mit den Menschen, die gesellschaftlich ausgeschlossen waren. Das alles mag der historische Hintergrund dafür sein, dass sich Jesus, als er sich und Johannes den Täufer beschrieb, mit den Worten seiner Kritiker als »Vielfraß und Säufer«, als »Kumpan der Zolleinnehmer und Sünder« charakterisierte.[37]

Auch wenn Jesus als Heiler wirkte, geschah es unter dem Vorzeichen des Vertrauens. Die neue, veränderte Zeit kulminierte nicht nur in einem groß angelegten Fest, für sie galt auch, dass es keine Krankheit und keinen Tod mehr gab. Jesus heilte im Vertrauen, dass das Ende der Krankheiten schon gekommen war.[38] Im Kontakt mit den Kranken sprach er von diesem Vertrauen und verlangte es auch von ihnen oder ihren Angehörigen als ihren Beitrag zur Heilung. Im Zusammenhang mit einer Fernheilung wird die Rolle des Vertrauens ausdrücklich hervorgehoben; es wird zum eigentlichen Thema, während die Schilderung der Heilung nebensächlich wird: Jesus wurde in Kafarnaum von einem Hauptmann – es wird betont: von einem Nichtjuden – gebeten, in sein Haus zu kommen und einen Diener zu heilen. Der Hauptmann brachte das Anliegen nicht selbst vor, einflussreiche Männer der jüdischen Gemeinde vermittelten.

»Jesus ging mit ihnen. Als er nicht mehr weit vom Haus entfernt war, schickte der Hauptmann ihm Freunde entgegen und ließ ihm ausrichten: ›Herr, bemühe dich doch nicht selbst! Ich weiß, dass ich dir, einem Juden, nicht zumuten kann, mein Haus zu betreten. Deshalb hielt ich mich auch nicht für würdig, selbst zu dir zu kommen. Du brauchst nur ein Wort zu sagen, und mein Diener wird gesund. Auch ich unterstehe höherem Befehl und kann meinen Soldaten Befehle erteilen. Wenn ich zu einem sage: Geh!, dann geht er; wenn ich zu einem andern sage: Komm!, dann kommt er; und wenn ich meinem Diener befehle: Tu das!, dann tut er's.‹

Als Jesus das hörte, wunderte er sich über ihn. Er drehte sich um und sagte zu der Menge, die ihm folge: ›Wahrhaftig, solch ein Vertrauen habe ich nicht einmal in Israel gefunden.‹
Als die Boten des Hauptmanns in das Haus zurückkamen, war der Diener gesund.«[39]

Das Vertrauen durchzieht als Thema das Leben und Wirken Jesu wie ein roter Faden. Es schwingt auch im Rätselwort mit, das in den Evangelien öfter angeführt wird und das durchaus auch für unseren Umgang mit der Zeit Geltung hat:

»Wer viel hat,
dem wird noch mehr gegeben.
Wer wenig hat,
dem wird auch noch das wenige genommen,
das er hat.«[40]

BREMSWERTE ▲

Ethische und moralische Wertvorstellungen prägen uns. Oft sind sie uns gar nicht bewusst, weil sie so selbstverständlich zu uns gehören oder weil wir sie so selbstverständlich mit der Umgebung teilen. Bewusst werden sie uns, wenn es zu Wertekonflikten kommt: Wenn uns zum Beispiel der Wertekodex einer Firma andere Werte zumutet, als wir sie aus der eigenen Erziehung mitbekommen haben, wenn die Kinder aus der Schule und aus dem Kontakt mit anderen Familien neue Verhaltensweisen nach Hause bringen, wenn unsere Gesundheit sich weigert, unseren Anforderungen weiterhin nachzukommen …

Gönnen Sie sich Zeit, um einmal den ethischen und moralischen Werten nachzusinnen, die Sie zum aktuellen Zeitpunkt prägen. Lassen Sie sich von den folgenden Impulsen leiten und halten Sie schriftlich fest, was Ihnen aufgeht – vielleicht mit Worten, vielleicht anhand von kleinen Symbolen, die Sie zeichnen.
➜ Welche Werte sind Ihnen wichtig?
➜ Gehen Sie dann den Werten nach, die Sie von Ihrem Vater und Ihrer Mutter mitbekommen haben. Welche dieser Wertvorstellungen haben Sie bis heute auch selbst leben können?

Welche mussten Sie aufgeben, weil sie für Sie persönlich nicht stimmten? Haben Sie anstelle der aufgegebenen Werte andere gefunden oder ist der entsprechende Lebensbereich leer, »wertfrei« geblieben?

→ Welchen anderen Personen verdanken Sie entscheidende Wertvorstellungen? Handelt es sich um Lehrer oder Lehrerinnen, politisch engagierte Menschen, Künstler oder Künstlerinnen, Autoren oder Autorinnen?

→ Haben Sie schon erlebt, dass es zu Wertekonflikten kam, zum Beispiel im Rahmen der beruflichen Tätigkeit, wenn Sie sich Ihrer Firma gegenüber loyal verhalten und Werte vertreten mussten, die sich mit Ihren eigenen Werten nicht verbinden ließen? Wie haben Sie den Konflikt ausgehalten?

→ Wann haben Sie wichtige Wertvorstellungen zum letzten Mal verändert?

→ Im Rahmen dieses Buches werden Sie immer wieder eingeladen, Ihr Leben zu verändern und Ihren eigenen Rhythmus anzustreben. Werden die Impulse des Buches durch Ihre eigenen Wertvorstellungen gestützt? Oder müssen Sie sich die entsprechenden Wertvorstellungen erst noch suchen? Wissen Sie schon, wo Sie sie finden könnten?

Atemsprache

Wenn wir uns entscheiden, im eigenen Leben die Spirale der Hektik aufzubrechen und aus der ständigen Beschleunigung auszusteigen, können Argumente der Vernunft und der Gesundheit ausschlaggebend sein, der Schritt selbst hat immer auch mit Vertrauen zu tun. Denn wir lösen uns aus einer gesellschaftlichen Zugehörigkeit, die uns Sicherheit gibt. Wir müssen den Schritt womöglich mit einer Einbuße an Anerkennung und Bewunderung bezahlen. Und was der Schritt uns wirklich bringt, erkennen wir nicht gleich. Es braucht Vertrauen.

Es braucht aber auch konkrete Anfänge. Die eine Möglichkeit zu beginnen, ist bereits vorgestellt worden: In der Meditation knüpfen wir bei einer früheren Erfahrung an, in der Vertrauen sich gelohnt hat. So bereiten wir uns innerlich vor, dass sich Vertrauen erneut bewährt. Die andere Möglichkeit besteht in Rhythmusveränderungen, die wir ausprobieren; von ihnen war im Laufe der einzelnen Kapitel schon mehrfach die Rede. Mit welcher Veränderung wir beginnen, ist vermutlich nicht entscheidend, wichtig ist, dass wir beginnen. – Zu welcher Veränderung haben Sie Lust?

Auf der *Ebene der beruflichen Tätigkeit*:

→ Braucht es alle Sitzungen, an denen Sie teilnehmen?

→ Brauchen Sie alle Sitzungen?

→ Könnte ein Teil der Sitzungen durch eine echte Beziehungspflege ersetzt werden?

→ Welche Planungen zahlen sich aus und welche Planungen fressen nur Ihre Zeit, weil sie Ihnen den Blick nehmen für Vorgänge und Abläufe, die sich von allein vereinfachen oder sogar wegfallen?

→ Was können Sie delegieren, um Raum und Zeit für Ihnen wichtige Aufgaben zu gewinnen? Achten Sie aber darauf, dass Sie nicht den erholsamen Teil delegieren und die mühsamen Geschäfte behalten. – Zu einer unterhaltsamen Überprüfung der Delegation empfiehlt sich der 1999 erschienene Roman *Sieben Doppelgänger* von Rafik Schami. Der Autor gestaltet in diesem Roman die Möglichkeit, dass er die Lesungen und Vorträge, die seinen Erfolg in Deutschland begründeten, in Zukunft nicht mehr selbst hält, sondern eben seine Doppelgänger schickt. Er wählt die geeigneten Männer sorgfältig aus und trainiert sie. Das Experiment scheint zu glücken, bis ...

→ Gestalten Sie Zeitinseln, Unterbrechungen, Pausen; wehren Sie sich gegen Zeitkontrollen und einengende Vorschriften!

Auf der *Ebene der Familie und der persönlichen Lebensgestaltung*:

→ Kennen Sie Momente, in denen das Nichtstun das einzig Richtige ist? Nicht im Sinne von Übermüdung, Resignation oder Frustration, sondern weil Nichtstun Freiraum bedeutet.

→ Kennen Sie Momente, in denen das Nichtstun eine künstlerische oder spirituelle Gestalt gewinnt? Etwa in der Meditation, beim Yoga, Schreiben, Malen, Tanzen, Töpfern ...

→ Schenken Sie sich und Menschen, die Ihnen nahestehen, Zeit, unverplante Zeit, Zeitraum, in dem aus der Beziehung heraus das entstehen kann, was jetzt richtig ist.

→ Verlangsamen Sie die eine und andere eingespielte Tätigkeit, lassen Sie sich aus der Routine fallen und entdecken Sie neu, was Sie schon zu kennen glauben.

Meine grundlegende Übung, auf die ich immer wieder zurückkomme, kennen Sie inzwischen: die Wahrnehmung der Atmung. Ich vollziehe sie regelmäßig im Sinne einer Meditationsübung, sie holt mich aber auch in anderen Augenblicken ein, während des Essens zum Beispiel, während einer Sitzung, der Lektüre, der Bahnfahrt, der kurzen Wartemomente, die es tagsüber immer wieder gibt. Ich bin inzwischen mit dem Atem so verbunden, dass bereits eine »normale« Aufmerksamkeit genügt, dass der Atem sich verlangsamt. – Es ist mir wichtig, darauf hinzuweisen, dass diese Verlangsamung nicht durch einen Trick oder eine bewusste Beeinflussung zustande kommt. Ich kenne solche Methoden aus der Yoga-Tradition. Das ist hier aber nicht gemeint. Die Verlangsamung stellt sich allein durch die Zuwendung ein, die in jeder Wahrnehmung vorhanden ist.

Die Verlangsamung des Atems hat zur Folge, dass sich unwillkürlich auch andere Vorgänge verlangsamen: mein Zuhören, Sprechen, Schreiben, Essen, das, was mich im Augenblick beschäftigt. Die Achtsamkeit dem Atem gegenüber wird zu einer grundsätzlichen Achtsamkeit.

Wenn mein Atmen langsamer wird, wird meine Aufmerksamkeit von zwei Erlebnissen angezogen: von den Atempausen und vom zyklischen Charakter der Atembewegung. Im Alltag achte ich kaum auf die Atempausen, diese kurzen Augenblicke, da die Atembewegung innezuhalten scheint. Wenn ich langsam atme, werden sie für mich überdeutlich. Ich erlebe sie als eine Neuorientierung in der Bewegungsrichtung: vom Einatmen zum Ausatmen und umgekehrt. In diesen Pausen erhält der Atem für mich auch ein Stück Eigenständigkeit, als ob ich ihn beobachten könnte, wie er darum ringt, wieder in Fahrt zu kommen, durch seine Bewegung mich zu bewegen. Die Atempausen sind Augenblicke des Vertrauens.

In der Wahrnehmung der Atembewegung habe ich Kontakt mit einer der zyklischen Bewegungen, die für die Vorgänge in der Natur typisch sind. – Der Atem ist keine zielgerichtete Bewegung, deren Strecke mit einem Anfangspunkt und einem Endpunkt genau festgelegt werden könnte. Als zyklische Bewegung kreist der Atem, er wiederholt sich. Er kann für uns, die wir an Zielen und der Zielgerichtetheit interessiert sind, langweilig werden, als Routineablauf entzieht er sich unserer Aufmerksamkeit. – Seit ich den Atem wiederentdeckt habe, gehe ich mit Respekt auf die zyklischen Bewegungen ein, mit denen ich zu tun habe, mit denen der Natur, aber auch denen der Gesellschaft (Jahrestage, Feste, Rituale). Sie besitzen nicht dieselbe Dynamik wie die zielgerichteten Abläufe, verfügen aber über eine ganz eigene Kraft. Der Zyklus und die Spirale sind Modelle auch der spirituellen Entwicklung.

Wer langsam geht …

MEDITATION IM GEHEN (2)

→ Die grundsätzlichen Impulse für die Meditation im Gehen sind Ihnen bereits vertraut. Sie gelten weiterhin.

→ Verweilen Sie im Stehen. Nehmen Sie Ihre Haltung ein. Achten Sie auf den Atemrhythmus. Lenken Sie Ihre Aufmerksamkeit auf die Füße, die Beine und das Becken. Beginnen Sie mit einem bewussten ersten Schritt.

→ Achten Sie auf eine gute Verbindung von Gehrhythmus und Atemrhythmus. Bleiben Sie in der Regelmäßigkeit des Gehens.

→ Wenn Sie Ihr Meditieren gern mit einem Wort oder Mantra verbinden, lassen Sie dieses Wort oder Mantra jeweils beim Ausatmen gegenwärtig werden. Sie sprechen es unhörbar in sich hinein oder hören es, wie es im Atem mitschwingt. Über Ihre Fußsohle können Sie es auch auf den Boden legen oder in den Boden hineingeben.

→ Schließen Sie die Meditation, indem Sie wiederum im Stehen verweilen. Nehmen Sie wahr, was sich an und in Ihnen während der Meditation verändert hat.

→ Lassen Sie dann die Geste oder Bewegung kommen, die Sie sich angewöhnt haben, um die Meditation zu schließen.

Zwischen uns der Delphin

Ein konkreter Anfang in Richtung der Verlangsamung kann ganz einfach darin bestehen, dass wir einander Ruhe schenken oder wohl noch besser: einander zur Ruhe werden. Dadurch verlangsamen wir gemeinsam. Wir ertragen einander im Ruhebedürfnis. Wir lassen uns selber zur Ruhe kommen, um dem Ruhebedürfnis des andern zu entsprechen.

Beispiele kennen die meisten aus der Partnerschaft und aus dem Umgang mit den eigenen Kindern: Es braucht die eigene Ruhe, wenn die Kinder übermüdet und aufgedreht den Schlaf selbst nicht mehr finden können. Es ist meines Erachtens ein Modell, das auch in ganz anderen Situationen Hilfe bringen kann.

Meine neueste Ruhegeschichte stammt aus der Bahn, sie ist eine gute Woche alt. Auf der Fahrt von Olten nach Zürich war in unserem Wagen eine Frau zu hören. Lautstark und geschäftig telefonierte sie in französischer Sprache ununterbrochen. In den gut dreißig Minuten Fahrt erledigte sie vier Gespräche. Ihr kleiner Junge, ich schätzte ihn gut drei Jahre alt, raste durch den Wagen, schlüpfte in die einzelnen Abteile und suchte Kontakt. Ein Blick genügte ihm, dann rannte er weiter. Ich war am Lesen, nahm aber den Blickkontakt auf. Als er das dritte Mal auftauchte, sprach ich ihn an, auch wenn ich annehmen musste, dass er meine Sprache nicht verstand. Sein Gesicht zeigte keinerlei Reaktionen, aber er blieb etwas länger, bevor er wieder losrannte. Er tauchte ein viertes Mal auf, im Mund den Schnuller und im rechten Arm einen blauen Stoffdelphin. Er stellte sich vor mich hin. Ich legte das Buch beiseite und sprach mit ihm. Er rückte noch näher heran, legte dann seinen Delphin auf meine Knie und, als ich mir das gefallen ließ, seinen Kopf auf den Delphin. Ich umfasste seine Schultern und sprach immer wieder ein paar leise Sätze. Nach ein paar Minuten wurde das Gewicht seines Kopfes auf meinen Knien spürbar. Ich diente seinem Schlaf. Von den vielen wichtigen Dingen, die ich an diesem Tag zu erledigen hatte, ist mir jetzt, zehn Tage später, nur noch der kleine Junge in Erinnerung.

Meditation

PRÄSENZ

In der folgenden Meditation geht es »nur« um die Ihnen schon vertrauten Schritte der nichtgegenständlichen Meditation. Nehmen Sie sich Zeit, um einfach da zu sein, nicht mehr und nicht weniger. Lassen Sie absinken, vorbeifließen, verschwinden, was Sie vorher und nachher im Alltag berechtigterweise beschäftigt.

- Nehmen Sie sich 20 bis 30 Minuten Zeit. Achten Sie darauf, dass Sie in dieser Zeit nicht gestört werden.
- Richten Sie sich in der Meditationshaltung ein. Lassen Sie sich zur Ruhe kommen.
- Lenken Sie Ihre Aufmerksamkeit auf die Empfindungen, vielleicht in der Form der Körperreise. Verbinden Sie Ihr Bewusstsein mit der Präsenz Ihres Körpers.
- Lenken Sie dann Ihre Aufmerksamkeit auf die Empfindungen, die Sie über den Atemfluss informieren. Verbinden Sie Ihr Bewusstsein mit der Präsenz Ihres Atems.
- Lenken Sie dann Ihre Aufmerksamkeit auf den Bereich des Körpers, in dem Ihre Stille darauf wartet, lebendig zu werden und sich ausbreiten zu können.Verbinden Sie Ihr Bewusstsein mit der Präsenz der Stille in Ihnen und um Sie herum.
- Wenn Sie Ihrer Meditation eine religiöse Ausrichtung geben möchten, verbinden Sie mit dem Ausatmen ein Wort oder ein Mantra, das Ihre Stille auf Gott hin öffnet.Verbinden Sie Ihr Bewusstsein mit der Präsenz Gottes in Ihrem Herzen.
- Und verweilen Sie. Einfach so.

Abendkostbarkeiten

Jeden Tag tun wir Dinge, die wir immer getan haben, und die wir noch oft tun werden; jeden Tag aber tun wir auch Dinge, die wir zum letzten Mal in unserem Leben tun.

KURT GUGGENHEIM

Den Kindern wird das noch zugestanden: Aus dem Tag und seinen Ereignissen auszusteigen ist etwas Schwieriges, es braucht Hilfen, zum Beispiel in Form von Ritualen. Am Tag ist immer etwas los, man wird abgelenkt und beschäftigt, vieles macht sogar Sinn. Aber am Abend? Draußen das Zwielicht und dann das Dunkel. Die gewohnte Umgebung ist nicht wiederzuerkennen, im Dunkel geht sie unter. Dafür tauchen Ängste auf. Was muss alles noch in diesen Tag hinein? Dann die Zeit für das Bett. Ist der Schlaf wirklich schon angesagt?

Rituale: Die Eltern wissen, mit welchen Schritten sie ihrem Kind helfen können, in den Abend und in die Nacht zu finden. Und sie wissen, dass die Wiederholung – jeden Abend dasselbe – beruhigt und Sicherheit gibt; die Schritte sind vertraut. Zu den Ritualen können Spiele gehören, der Rückzug ins Schlafzimmer, ein Musikstück, eine Lieblingsgeschichte oder einfach die Gewähr, dass eine Geschichte erzählt oder vorgelesen wird, ein Gebet, ein Lied, das Gespräch, eine bergende Berührung und zum Schluss der Türspalt, durch den die Stimmen und die Geräusche noch hereindringen können.

Für viele Erwachsene ist die Ritualisierung des Abends leider kein Thema. Arbeit oder Hobby, Fernsehprogramme, Anlässe in Clubs und Vereinen, auf jeden Fall ist Betrieb angesagt. Die Zeit muss bis zum letzten Augenblick genutzt werden. Todmüde kippen sie schließlich ins Bett. Oder die andere Variante: Sie fürchten sich vor dem Bett, weil sie dort vor lauter Stress den Schlaf nicht mehr finden können.

Ausklinken und ausklingen

Wenn es Ihnen ein Anliegen ist, Ihr Leben zu verlangsamen und Ihren eigenen Rhythmus wiederzuentdecken, dann gestalten Sie Ihren Abend!

Die Gestaltung beginnt mit dem Ende der Arbeitszeit. Wir sollten die Arbeit bewusst abschließen. Das kann bedeuten, dass wir kurz auf die an diesem Tag geleistete Arbeit zurückblicken, diese Leistung anerkennen und uns sogar ausmalen, wie wir am kommenden Tag wieder in die Arbeit einsteigen. Dann aber legen wir die Arbeit beiseite. – Wer diesen Abschluss aus welchen Gründen auch immer nicht am Arbeitsort vornehmen kann oder will, sollte sich auf dem Weg nach Hause dafür Zeit nehmen.

Was auf jeden Fall vermieden werden sollte, ist ein sanfter Übergang von der Arbeit in die Freizeit. »Sanft« heißt nämlich meistens: Wir arbeiten weiter, wir bleiben in den Themen und Verpflichtungen der Arbeit hängen, es arbeitet in uns weiter. Männer und Frauen, die freiberuflich tätig sind, kennen diese Gefahr, oder auch Menschen, die einen Teil der Arbeit zu Hause verrichten, weil das Büro in die Wohnung integriert ist.

Es ist von Vorteil, wenn wir dem Abschluss der Arbeit gleich eine Erholungsphase folgen lassen, in der wir innerlich umstellen. Eine solche Erholungsphase muss nicht lange dauern, sie kann zeichenhaft sein: Wechsel der Kleidung, eine Erfrischung, eine kurze Lektüre, ein Treffen. Vielleicht kann auch der Weg nach Hause so gestaltet werden, dass er erholsam wird.

Unser Arbeiten ist mit einem bestimmten Rhythmus, mit einem vorgegebenen Tempo verbunden. Entweder entsprechen uns dieser Rhythmus und dieses Tempo oder wir leiden unter ihnen. Indem wir ganz bewusst aus der Arbeit aussteigen, verlassen wir diesen Rhythmus und dieses Tempo – wir sollten sie verlassen! Auch da lauert eine Gefahr. Immer wieder geschieht es, dass sich Menschen ihr Arbeitstempo, obwohl es ihnen nicht entspricht und ihre Gesundheit angreift, so stark aneignen, dass sie in ihrer freien Zeit nach einer »Erholung« mit dem selben Tempo suchen. Das heißt: Sie finden gar nicht mehr zu einer wirklichen Erholung, sie bleiben im Stress, sie variieren im besten Fall seine äußeren Umstände. Sport kann zum Stress umfunktioniert werden, auch gesellschaftliche Anlässe, die Event-Kultur lebt von Stressfaktoren!

▲ NÄGEL MIT KÖPFEN

Nehmen Sie sich Zeit für einen Brief: an einen Freund oder eine Freundin, an jemanden in Ihrer Familie, an eines Ihrer Kinder, vielleicht – warum nicht? – an sich selbst. Ob Sie ihn dann auch absenden oder bei sich behalten, können Sie am Ende des Briefes entscheiden, wichtig ist, dass Sie ihn schreiben. Inhaltlich sollte der Brief die folgenden Punkte berühren:

→ Sie haben ein Buch über Verlangsamung gelesen. Was ist Ihnen dabei aufgegangen, was möchten Sie an den Empfänger oder die Empfängerin des Briefes weitergeben?

→ Welche Konsequenzen ziehen Sie aus der Lektüre? Für sich, möglicherweise auch für andere?

→ Welche Veränderungen könnten Ihnen leichter fallen, wenn der Empfänger oder die Empfängerin des Briefes darum weiß?

Die Musik des Abends

Sie leben allein oder in einer Partnerschaft oder in einer Familie, dementsprechend sieht die Gestaltung Ihres Abends aus. Sie wollen auch andere Personen respektieren, deren Wünsche und Ihre eigenen Wünsche zusammenbringen. Die Zeit nach der Arbeit ist möglicherweise für Sie nicht nur Erholungszeit, es stehen auch Verpflichtungen an. Wichtig ist auf jeden Fall, dass auch Sie zu dem kommen, was Sie brauchen, dass Sie Ihrem eigenen Rhythmus Gestalt geben können.

Es fällt mir schwer, Ihnen genau vorzugeben, wie diese Gestalt ausschauen könnte. Es ist für mich einfacher, zu erzählen, was sich bei mir und bei Menschen meiner näheren Umgebung als hilfreich erwiesen hat. Denken Sie es für sich weiter.

Wenn ich nach Hause komme, steht zuerst das Gespräch im Vordergrund. Meine Frau und ich tauschen uns aus: über Menschen,

die wir getroffen haben, Fragen, die uns beschäftigt haben, Dinge, die uns genervt oder gefreut haben. Das Gespräch hilft uns zu verarbeiten, es ist aber auch eine Möglichkeit, das Erlebte zu teilen. Der Rückblick auf den Arbeitstag begleitet uns während der Vorbereitung des Abendessens und zu Beginn der Mahlzeit, dann dreht das Gespräch zu anderen Themen.
Im weiteren Verlauf des Abends gehört meine Zeit unterschiedlichen Beschäftigungen, zum Teil sind sie in den vorangegangenen Kapiteln bereits greifbar geworden. Ich lese gerne, höre Musik, vertiefe mich in die Biografien von Autoren, Komponisten und Malern; ich mag die altertümliche Form von Korrespondenz, sowohl in der Form von Briefen als auch in der Form langer Telefongespräche. Ich leiste mir entspannende Körperübungen – wenn ich im eigentlichen Sinn noch Yoga oder Kum Nye übe, geschieht das vor dem Abendessen, denn nach dem Essen sollte die Verdauungstätigkeit des Magens nicht durch Übungen gestört werden; Yoga-Übungen können zudem soviel Energie vermitteln, dass später nicht an Schlaf zu denken ist. Der Abend kann verschieden ausklingen: mit einer gemeinsamen Lektüre, mit einem Spaziergang entlang der Aare, mit einem Ausblick auf den kommenden Tag.
Menschen aus unserem Freundeskreis haben den einen und anderen Abend in der Woche reserviert, sie treffen sich mit andern, um zu tanzen, ins Kino zu gehen, ein Konzert zu besuchen, der Weiterbildung oder einem Hobby nachzugehen; andere wiederum sind kirchlich oder sozial engagiert. Von ihnen höre ich, dass ihnen die Kontinuität wichtig ist. Zu wissen, dass der eine Abend dem Tango gehört oder der portugiesischen Sprache oder dem Behindertenheim in Indien, gibt der Woche über diesen Abend hinaus eine besondere Farbe.
Möglicherweise geht es Ihnen wie mir: Ich hatte noch nie Mühe, meine Abende zu füllen, vieles interessiert mich und zieht mich an. Dann müssen Sie lernen, ähnlich wie ich auch, Abende leer zu lassen. Nur bei leeren Abenden kann auch Unvorhergesehenes entstehen. Nur so kann sich auch die Müdigkeit in ihrem ganzen Umfang melden.

Im Blick behalten

Einen festen Bestandteil meiner abendlichen Rituale bildet eine Art Rückblick. Im Kapitel *Neue Augen* habe ich kurz von ihm gesprochen. In den einzelnen Schritten sieht er folgendermaßen aus: Ich setze mich in einen unserer Sessel oder lege mich auf eine Matte und entspanne mich. Ich lassen dann den Tag Revue passieren. Vom ersten Augenblick des Tages bis zur aktuellen Stunde vergegenwärtige ich mir die Situationen, in denen ich mich befand, die Personen, mit denen ich zu tun hatte, und die Themen, die mich bzw. uns beschäftigten. Dieser Überblick stellt sich meistens schnell ein, wie ein Film läuft er ab. In einem zweiten Anlauf vergegenwärtige ich mir das Ganze noch einmal, nun stärker von den Sinneserfahrungen her. Einzelne Augenblicke werden lebendig, farbig, plastisch. Ich verweile wieder in ihnen und nehme wahr, was sie mir bedeuten. In einem dritten Anlauf wähle ich dann aus diesem Tag drei »Dinge« aus: Erlebnisse, Episoden, Begegnungen, Worte, Eindrücke – wie auch immer. Ich wähle drei Dinge, die mir gutgetan und mir diesen Tag wertvoll gemacht haben. Die drei Dinge will ich in meinem Gedächtnis festhalten. Sie zu speichern ist wie ein Dankgebet.

Diese Übung hat Nebenwirkungen. Sie lässt mich zum Beispiel erkennen, an welchen Stellen des Tages ich aus meinem Rhythmus gefallen bin oder in welchen Situationen ich zu absichtlich vorgegangen bin und Wichtiges verpasst habe. Sie aktiviert den Bezug zu meinen Sinnen. Und sie lässt mich eindrücklich erleben, wie voll und sättigend der Tag gewesen ist.

Es gibt die Parallelübung, die darin besteht, den kommenden Tag, soweit er schon vorstellbar ist, innerlich zu sehen. Welche Situationen werden auf mich zukommen? Mit welchen Menschen werde ich im Gespräch, in Sitzungen, in der Kursarbeit zusammen sein? Welche Themen werden im Vordergrund stehen? Für mich ist dies die Übung der Vorfreude. Denn auch sie soll, ähnlich wie der Rückblick, das Vertrauen fördern. Der kommende Tag wird sich lohnen: jeder Tag – ein guter Tag.

Diese Übung des Rückblicks dient dem Abschließen und Loslassen. Nur was wir abgeschlossen haben, können wir auch aus den Händen legen. Nur wenn der Tag hinter uns liegt, wird die Nacht zu einer Zeitspanne, in der wir uns erholen und wieder Kräfte tanken. – Was hier im Sinne eines Abendrituals beschrieben wird, gilt auch für andere Zusammenhänge: Abschließen und Loslassen vereinfacht das Weitergehen bzw. einen Neubeginn. Achten Sie darauf, dass Ihnen für solche Prozesse Zeit bleibt! Das mag selbstverständlich klingen, ist es aber nicht. Auf der Ebene des Besitzens: Sind uns die Dinge nicht austauschbar, ersetzbar, käuflich geworden? Wir binden uns nicht mehr an die Gegenstände. Wir bauen zu ihnen keinen Bezug mehr auf. Deshalb können sie uns auch nicht mehr verloren gehen. Wir sind zur Wegwerfgesellschaft geworden. Auf der Ebene der menschlichen Beziehungen: Werden heute Freundschaften und Liebesbeziehungen nicht zu schnell ersetzt, als ob uns keine Zeit bleiben dürfte, um jemanden wirklich zu verabschieden, zu trauern, die vergangene Beziehung zu reflektieren und dann neu zu beginnen? Auf der Ebene des eigenen Lebens: Oft müssen die einzelnen Ereignisse ins Schema einer schnellen Karriere passen, die Erfolg, Geld und Weiterkommen verspricht. Was mit diesem Schema nicht zu erfassen ist, wird ausgeblendet. Dass in einzelnen Ereignissen noch ganz andere Werte mit im Spiel sein könnten, das nehmen wir erst wahr, wenn wir uns ihnen in einem abschließenden Sinn zuwenden.

»In einer Hochgeschwindigkeitsgesellschaft werden die Zeit und ihre Ordnung selbst zum Gegenstand der Beschleunigung. Die sichtbare Folge ist, dass uns immer häufiger die notwendige Zeit fehlt, um eine sinnvolle soziale und individuelle, ordnende Architektur zwischen Anfang und Ende aufzubauen. Das Ende des Vorhergehenden und der Anfang des Nachfolgenden fallen zunehmend öfter zusammen. Das Neue wird hektisch durch das Neuere ersetzt. Trennungen und Anbindungen, Anfänge und Schlüsse geschehen zeitgleich, sie verschwimmen unidentifizierbar ineinander.«[41]

Was bei der Ritualisierung des Abends nicht vergessen werden darf, sind die Schritte in die Stille. Mit Stille meine ich, dass Geräusche, Musik, Stimmen leiser werden und verklingen, dass die Geschäftigkeit weniger wird und schließlich ausbleibt und dass der innere Gedankenbetrieb, das Sorgen und Planen zur Ruhe kommt. Geben Sie diesen Schritten in die Stille eine geeignete Gestalt. Für mich war es früher der Anblick des Himmels, mit oder ohne Sterne. Wohltuend erlebe ich heute die abendlichen Augenblicke an der Aare, den kraftvollen Zug des Wassers, das leise Rauschen, das an den Pfeilern der alten Holzbrücke eindringlicher wird, den Geruch des Wassers. Falls mich die Lektüre in die Stille begleitet, wähle ich einen altbekannten, lieb gewonnenen Text; ich lasse mich von ihm aufnehmen, wie ich mich später vom Schlaf aufnehmen lasse, voller Vertrauen in seine Stimmigkeit.

Kritisch wie Pilz

Der deutsche Dichter Wolfgang Hildesheimer (1916–1991) war über Jahrzehnte in Poschiavo zu Hause, einem Ort im italienischsprachigen Teil der Schweiz. Er war ein Meister in boshaften Geschichten, wobei seine Boshaftigkeit einen großen Bogen spannte von einer heiteren Boshaftigkeit bis zu einer zynischen Bissigkeit. Die Erzählung *1956 – ein Pilzjahr* zähle ich zu den boshaft heiteren Geschichten.[42] Wolfgang Hildesheimer gibt der Erzählung die Form eines wissenschaftlich fundierten Porträts, wie sie in Zeitungen und Zeitschriften erscheinen, wenn es darum geht, berühmte Männer oder Frauen zu ehren oder mindestens auf ihre Bedeutung aufmerksam zu machen.

Wolfgang Hildesheimer stand der gesellschaftlich inszenierten Überhöhung bzw. Überschätzung der Kunst und Kultur sehr kritisch gegenüber. Denn im Alter von gut 30 Jahren war er als Simultandolmetscher bei den Kriegsverbrecherprozessen in Nürnberg tätig. Da wurde er mit der Tatsache konfrontiert, wie schnell eine sogenannte Kulturnation politisch verblendet werden und eine viel beschworene Kultur in Hass, Menschenverachtung und Zerstörung übergehen konnte. Zeitlebens blieb er ein Skeptiker. Die Hauptfigur der Erzählung *1956 – ein Pilzjahr,* Gottlieb Theodor Pilz, ist aus dieser Skepsis entstanden.

Das besondere Verdienst von Gottlieb Theodor Pilz – so die Würdigung durch Wolfgang Hildesheimer – besteht darin, dass er namhafte Künstler, Dichter, Maler, Komponisten von Werken abhalten konnte, indem er sie ihnen ausredete oder ihnen durch seine Besuche einfach die Zeit stahl. Gleich zu Beginn der Erzählung wird betont:

»Seine Bedeutung wird heute weit unterschätzt. Das ist nicht verwunderlich. Denn er war weniger ein Schöpfer als ein Dämpfer. Sein Beitrag zur Geschichte der abendländischen Kultur kommt in der Nichtexistenz von Werken zum Ausdruck, Werken, die durch sein mutiges, opferbereites Dazwischentreten niemals entstanden sind. Es ist demnach kein Wunder, dass die Nachwelt, die ja gewohnt ist, die großen Geister nach ihrem Schaffen und nicht nach ihrer Unterlassung zu werten, seiner selten, wenn überhaupt je gedenkt.«[43]

Die Kritik, die von Wolfgang Hildesheimers Erzählung ausgeht, hat etwas Heilsames. Sie besteht in der Frage: Muss das alles – worin wir uns zum Beispiel beruflich einspannen lassen oder was wir uns selbst aufbauen möchten – wirklich sein? Liegt in unserer Einschätzung nicht immer auch die Gefahr, dass wir etwas in seiner Bedeutung überschätzen? Und tendieren wir nicht deshalb zur Überschätzung, weil die Einsicht in die Bedeutungslosigkeit schmerzhafter ist als unser Kaputtgehen an etwas Überschätztem? Denn Letzteres besitzt wenigstens noch den Charakter eines großen Einsatzes, eines Opfers ...

Gerade im Hinblick auf unser Thema ist es von Vorteil, wenn wir uns von Zeit zu Zeit die Pilz-Frage stellen: Wozu? Ist nicht vieles von dem, in das wir verwickelt sind, ein großer Bluff? Selbstverständlich kann es Spaß machen, bei einem Bluff mitzutun, es kann aber auch Freude bereiten, aus einem Bluff auszusteigen und ihn zu entlarven.

Es geht mir nicht darum, Engagement, Leistung und Einsatz schlechtzumachen. Es geht mir auch nicht darum, zur Faulenzerei einzuladen. Mir ist wichtig, dass wir mit dem Herz und dem Kopf den Überblick behalten und merken, wann sich ein aufgezwungenes oder übernommenes Tempo auf uns destruktiv auswirkt, wann es höchste Zeit ist, zum eigenen Rhythmus zurückzufinden. Für diesen Überblick bietet sich ein altes, fast schon vergessenes Wort an: Heiterkeit. Heiterkeit meint, richtig verstanden, nicht so sehr das Lustige, sondern das kraftvoll Leuchtende einer Person, die die richtige Mischung von Hingabe und Distanz gefunden hat. Der Dichter Kurt Guggenheim (1896–1983) notiert sich zur Heiterkeit folgende Worte:

»Es geht um eines und immer wieder um dasselbe: die Heiterkeit. Die Heiterkeit ist der höchste Sieg, den der Mensch erringen kann. Heiterkeit ist Gegenwart und Naturzustand auf einer geistigen Ebene.«[44]

Anfängliche Heiterkeit

Das Ende des Buches kommt in greifbare Nähe. Wenn Sie die einzelnen Gedankengänge mitverfolgt und sich auf die Übungen eingelassen haben, haben Sie ein gewaltiges Stück Weg hinter sich gebracht. Und Sie haben viel Zeit investiert, etwas sehr Kostbares. Denn von der Zeit gilt ja, dass wir immer zu wenig davon haben ...

Sie haben möglicherweise mit der Erwartung zu lesen begonnen, ganz konkrete Tipps zur Verlangsamung Ihrer Lebensweise oder zumindest Ihres Berufsalltags zu erhalten, wie das in der Ratgeber-Literatur Brauch ist. Etwa im Sinne von: Wo kann ich Zeit sparen, um sie anderswo zur Verfügung zu haben? Auf diese Erwartung ist das Buch aber nicht eingegangen. Denn meines Erachtens genügen für einen bewussten Umgang mit der Zeit und damit auch mit den »Abläufen in der Zeit« Tipps nicht. Es braucht ein anderes Bewusstsein für die Zeit. So sind Sie auf Erfahrungen aufmerksam gemacht und zu Übungen hingeführt worden, die dieses Bewusstsein fördern. Vielleicht haben die Erfahrungen und Übungen Ihnen entsprochen. Sie konnten sie übernehmen und von ihnen profitieren. Vielleicht aber haben sie Ihnen nicht entsprochen. Sie konnten sie zwar nachvollziehen, mussten sie aber übersetzen in Verhaltensweisen und Erfahrungen, die Ihnen näherstanden. Sobald es aber um Entwicklungsschritte in neue Erfahrungen hinein geht, braucht es wiederum Zeit.

Die Meditation, die Beschäftigung mit Gedichten und das Wandern sind für mich persönlich Lebensbereiche, die der im Berufsalltag üblich gewordenen Hetze widerstehen. Deshalb sind sie mir sympathisch. Weder die Meditation noch die Lyrik noch das Wandern kann ich schnell erledigen. Alle drei erschließen sich nur, wenn ich in ihnen verweile. Gelingt dies, erlebe ich, was die Zeit ausmacht. Denn die Zeit an sich gibt es nicht. Zeiterfahrung lebt von den Abläufen bzw. von meiner Art und Weise, mich auf sie einzulassen.

Meditation, Lyrik, Wandern: Es kann sein, dass auch Sie diese Lebensbereiche entdeckt oder wiederentdeckt haben. Oder Sie haben die Kraft des Widerstands in anderen Lebensbereichen zutage gefördert. Die Hauptsache ist, Sie kommen Ihrem eigenen Rhythmus auf die Spur und setzen sich zur Wehr – möglicherweise sogar gegen sich selbst –, wenn Sie merken, das Sie beruflich oder privat in einem Tempo unterwegs sind, dass Sie nicht mehr verantworten können. Betrachten Sie keine Tempovorgabe als Schicksal; sie stammt von Menschen, dahinter stehen Absichten. Über Absichten kann man reden und was von Menschen stammt, kann von Menschen auch geändert werden. Spielen Sie nicht Opfer! Ändern Sie, das ist lustvoller und stärkt die Gesundheit! Mir ist die Meditation gerade deshalb wichtig, weil sie uns Menschen eigenständig macht, Bluff und Inszenierungen durchschauen lässt und die Widerstandskraft stärkt.
Achtsamkeit und Heiterkeit sind nicht als Endprodukte eines langen Reifungsprozesses gedacht. Sie können als Grundhaltung jederzeit geübt werden, als ob sie schon vorhanden wären – »In jedem von uns wartet ein Zustand wunschloser Heiterkeit«[45] – und nur darauf warteten, aktualisiert zu werden. Die im Buch vorgeschlagenen Übungen schaffen meistens einen einfachen, überschaubaren, schützenden Rahmen, sodass Achtsamkeit und Heiterkeit leicht zu entfalten sind. Aber beide Grundhaltungen können in jeder alltäglichen und beruflichen Situation praktiziert werden. In den Worten von Thich Nhat Hanh:

»Richtet eure Aufmerksamkeit auf eure Arbeit, seid wach und bereit, mit jeder Situation, die entsteht, geschickt und intelligent umzugehen – das ist Achtsamkeit. Es gibt keinen Grund, warum das Ausrichten all unserer Aufmerksamkeit auf unsere Arbeit, unsere Wachheit und Bereitschaft, nach besten Kräften zu handeln, etwas anderes als Achtsamkeit sein sollte. In den Augenblicken, wo man Rat gibt, Probleme löst, und alles, was entsteht, anpackt, braucht man ein ruhiges Herz und Selbstbeherrschung, wenn man gute Ergebnisse erzielen will. [...] [Achtsamkeit] ist das Wunder, das auf einen Schlag unseren zerstreuten Geist zurückrufen kann und ihn wieder ganz werden lässt, so dass wir jede Minute unser Leben leben können.«[46]

Achtsamkeit und Heiterkeit bleiben gefährdet. Sie können leicht in Resignation und Bitterkeit umschlagen, wenn uns bewusst wird, wie winzig und allein wir dastehen angesichts der global propagierten Beschleunigungen, angesichts auch der sich ständig beschleunigenden Zerstörung unserer Erde. Bleiben Sie aufmerksam und offen für Menschen, die ähnlich denken wie Sie und ebenfalls für eine Verlangsamung eintreten, im Wissen darum: Verlangsamung lohnt sich.

Wer langsam geht ...

MEDITATION IM GEHEN (3)

→ Die grundsätzlichen Impulse für die Meditation im Gehen sind Ihnen bereits vertraut. Sie gelten weiterhin.

→ Verweilen Sie im Stehen. Nehmen Sie Ihre Haltung ein. Achten Sie auf den Atemrhythmus. Lenken Sie Ihre Aufmerksamkeit auf die Füße, die Beine und das Becken. Beginnen Sie mit einem bewussten ersten Schritt.

→ Achten Sie auf eine gute Verbindung von Gehrhythmus und Atemrhythmus. Bleiben Sie in der Regelmäßigkeit des Gehens.

→ Wenn Sie Ihr Meditieren gern mit einem Wort oder Mantra verbinden, lassen Sie dieses Wort oder Mantra jeweils beim Ausatmen gegenwärtig werden. Sie sprechen es unhörbar in sich hinein oder hören es, wie es im Atem mitschwingt. Über Ihre Fußsohle können Sie es auch auf den Boden legen oder in den Boden hineingeben.

→ Es gehört zur Meditation, dass Ihre Übungszeit oder die Strecke, die Sie gehen, begrenzt ist. Lassen Sie trotz dieser Begrenzung das Gefühl entstehen, grenzenlos immer weiter zu gehen, in einer Mischung von Bodenhaftigkeit und Leichtigkeit, die Ihrem Gehen etwas Unbeschwertes, Heiteres gibt.

→ Schließen Sie die Meditation, indem Sie wiederum im Stehen verweilen. Nehmen Sie wahr, was sich an und in Ihnen während der Meditation verändert hat.

→ Lassen Sie dann die Geste oder Bewegung kommen, die Sie sich angewöhnt haben, um die Meditation zu schließen.

Die Langeweile hat einen schlechten Ruf. An einen Langweiler zu geraten strapaziert die Nerven und die Freundlichkeit. Doch das war nicht immer so, zumindest was die Wortgeschichte betrifft. Noch bis zum Beginn des 19. Jahrhunderts besaß das Wort einen positiven Klang: Wer lange Weile hatte, hatte Zeit. Ein »Langweiler« verstand es, mit der Zeit klug umzugehen und sie für das einzusetzen, was ihm wichtig war.
Ich hatte Lust, eine zweistufige Übung zu entwerfen: Langeweile für Anfänger und Langeweile für Fortgeschrittene – Langeweile im alten Sinn. Doch ich merkte schon bald, dass sich die Langeweile jeglicher Übung entzog. Sie konnte nur absichtslos entstehen, aus dem Staunen und der Liebe heraus. Deshalb gebe ich keine Übung weiter, nur das Schlüsselwort: Langeweile. Es ist an Ihnen, die Langeweile zuzulassen.
Beispielsweise in der humorvollen Variante, wie sie etwa Leonce im Theaterstück *Leonce und Lena* von Georg Büchner (1813–1837) formuliert. Leonce, ein programmatischer Langweiler und nun frisch verheiratet, Anwärter auf den Thron eines Kleinststaates, schlägt seiner Braut als langweilige Zukunft vor:

»Wir lassen alle Uhren zerschlagen, alle Kalender verbieten und zählen Stunden und Monde nur nach der Blumenuhr, nur nach Blüte und Frucht. Und dann umstellen wir das Ländchen mit Brennspiegeln, dass es keinen Winter mehr gibt und wir uns im Sommer bis Ischia und Capri hinaufdestillieren, und das ganze Jahr zwischen Rosen und Veilchen, zwischen Orangen und Lorbeer stecken.«[47]

Oder in der spirituellen Variante, die das Gedicht von Roberto Juarroz (*1925) skizziert, das sich mit seinen Bildern der Langeweile der Meditation annähert:

Heute habe ich nichts gemacht.
Aber viele Dinge geschahen in mir.

Vögel, die es nicht gibt,
fanden ihr Nest.

Schatten, die womöglich da sind,
erreichten ihre Körper.
Wörter, die existieren,
erlangten ihre Stille wieder.

Nichts zu tun,
rettet manchmal das Gleichgewicht der Welt,
indem es erreicht, dass auch etwas Gewicht hat
auf der leeren Schale der Waage.[48]

Mein Herz schlägt jeweils höher, wenn ich Väter oder Mütter, Paten oder Tanten beobachte, die mit ihrem kleinen Jungen oder Mädchen spazieren gehen, ganz langsam, Schritt für Schritt, sodass die kleinen Kinderschritte genau richtig liegen und auch umdrehen können in eine ganz andere Richtung, weil es dort etwas zu sehen oder aufzulesen gibt. Oder rückwärts gehen, weil die schon zurückgelegte Strecke doch so schön war. Oder zu tanzen beginnen, weil irgendeine Melodie in der Luft oder im Herzen liegt. Oder einfach stehen bleiben, weil ein gegenseitiger Blick in die Augen wichtiger ist als der nächste Schritt. Und die erwachsene Person drängt immer noch nicht, sie genießt die Langeweile, obwohl das Kind nicht vorwärtsgeht. Vielleicht geht ihr der Gedanke durch den Kopf – aber sie vergisst ihn gleich wieder, weil das Kind auf einen Hund zustrebt, der voller Vorfreude wedelt –, dass heute soviel von Verlangsamung und Entschleunigung die Rede ist, dass sie sich um das Thema kümmern will, kann ja sein, dass sie daraus etwas lernt …
Das letzte Wort gebe ich einem Dichter, dessen Klang Ihnen bereits vertraut ist: Werner Lutz.

Das Schlendern
das Verstreuen von Schritten
das absichtslose Gehen
durch Stunden und Gedanken[49]

→ Nehmen Sie sich 20 bis 30 Minuten Zeit. Achten Sie darauf, dass Sie in dieser Zeit nicht gestört werden.
→ Richten Sie sich in der Meditationshaltung ein. Lassen Sie sich zur Ruhe kommen.
→ Lenken Sie Ihre Aufmerksamkeit auf die Empfindungen, vielleicht in der Form der Körperreise. Verbinden Sie Ihr Bewusstsein mit der Präsenz Ihres Körpers.
→ Lenken Sie dann Ihre Aufmerksamkeit auf die Empfindungen, die Sie über den Atemfluss informieren. Verbinden Sie Ihr Bewusstsein mit der Präsenz Ihres Atems.
→ Lenken Sie dann Ihre Aufmerksamkeit auf den Bereich des Körpers, in dem Ihre Stille darauf wartet, lebendig zu werden und sich ausbreiten zu können. Verbinden Sie Ihr Bewusstsein mit der Präsenz der Stille in Ihnen und um Sie herum.
→ Wenn Sie Ihrer Meditation eine religiöse Ausrichtung geben möchten, verbinden Sie mit dem Ausatmen ein Wort oder ein Mantra, das Ihre Stille auf Gott hin öffnet. Verbinden Sie Ihr Bewusstsein mit der Präsenz Gottes in Ihrem Herzen.
→ Und verweilen Sie. Legen Sie in dieses einfache Verweilen Ihr ganzes Herz. Nicht im Sinne einer Leistung, sondern im Sinne der Achtsamkeit: Jeder Augenblick ist Ihr Herz wert. Einfach so.

Geben oder nehmen Sie sich Zeit?

Motto
Franz Fassbind: Apokryph. Gedichte, Olten/Freiburg i. Br. 1989, 195.

Ein Morgen in Selbstbestimmung

Motto
Werner Lutz: Schattenhangschreiten. Gedichte. Im Waldgut, Frauenfeld 2002, 42.

Selbst vorkommen

Motto
Ernst Penzoldt: Nächtliche Notizen. In: Harald Beck (Hrsg.): Jahr- und Tagebuch. Kalenderblätter, Stuttgart 1992, 101
[1] Brigitte Röthlein: Anleitung zur Langsamkeit. Ruhiger und glücklicher leben, München/Zürich 2004, 115–116.
[2] Michael Ende: Momo oder Die seltsame Geschichte von den Zeit-Dieben und von dem Kind, das den Menschen die gestohlene Zeit zurückbrachte. Ein Märchen-Roman, Stuttgart 1973, 162–164.
[3] Werner Lutz: Die Mauern sind unterwegs. Gedichte, Zürich 1996, 43.

Die Einladung der Rhythmen

Motto
Gerold Baier: Rhythmus. Tanz in Körper und Gehirn, Reinbek b. Hamburg 2001, 20.
[4] Antoine de Saint-Exupéry: Man sieht nur mit dem Herzen gut. Ausgewählt und eingeleitet von Oswalt von Nostitz, Freiburg i. Br. 2002, 99.
[5] Gerold Baier: Rhythmus. Tanz in Körper und Gehirn, Reinbek b. Hamburg 2001, 252.

Neue Augen

Motto
Philippe Jaccottet: Der Unwissende. Gedichte und Prosa. 1946–1998, München/Wien 2003, 114.
[6] Philippe Jaccottet: Poésie 1946–1967. Préface des Jean Starobinski, Paris 1994, 145.

Ganz Ohr

Motto
Joachim Ernst Berendt: Nada Brahma. Die Welt ist Klang, Frankfurt a. M. 1983, 29.
[7] Magdalena Rüetschi: Pascal's Zimmer. Gedichte, Frauenfeld 1992, 25.

Zeilenweise

Motto
Ilma Rakusa: Langsamer! Gegen Atemlosigkeit, Akzeleration und andere Zumutungen, Graz/Wien 2005, 11.
[8] Magdalena Rüetschi: Pascal's Zimmer. Gedichte, Frauenfeld 1992, 51.
[9] Robert Lax: Circus Days & Nights. Hrsg. von Paul J. Spaeth, Woodstock (New York) 2000, 26. Übersetzung: Peter Wild.
[10] Robert Lax: Circus Days & Nights. Hrsg. von Paul J. Spaeth, Woodstock (New York) 2000, 27. Übersetzung: Peter Wild.
[11] Robert Lax: Notes/Notizen, Zürich 1995, 84. Übersetzung: Peter Wild.
[12] Robert Lax: Love Had a Compass. Journals and Poetry. Hrsg. von James J. Uebbing, New York 1996, 24. Übersetzung: Peter Wild.
[13] Cyrus Atabay: Gedichte, Frankfurt a. M. 1991, 199, 208, 211–212.
[14] Magdalena Rüetschi: Pascal's Zimmer. Gedichte, Frauenfeld 1992, 49.

In der Zeit unterwegs

Motto

Karlheinz A. Geißler: Zeit – verweile doch ... Lebensformen gegen die Hast, Freiburg i. Br. 2004, 35.

15 Karlheinz A. Geißler: Zeit – verweile doch ... Lebensformen gegen die Hast, Freiburg i. Br. 2004, 83.

16 Matthäusevangelium 25,14–30. In der Übersetzung von Otto Karrer.

17 Franz Fassbind: Apokryph. Gedichte, Olten/Freiburg i. Br. 1989, 174.

18 Abraham J. Heschel: Der Sabbat. Seine Bedeutung für den heutigen Menschen, Neukirchen-Vluyn 1990, 12–19.

Einfach da, nichts weiter

Motto

Roberto Juarroz: Dreizehnte Vertikale Poesie. Gedichte, Salzburg/Wien 1997, 138.

19 Manfred Folkers: Gib deiner Zeit mehr Leben. Entschleunigung als Weg zum Glück, Freiburg i. Br. 2005, 131.

20 Werner Lutz: Nelkenduftferkel. Gedichte, Frauenfeld 1999, Bodoni Druck, 41.

21 Teresa von Avila: Wohnungen der Inneren Burg, Freiburg i. Br. 2005, 178, 180.

22 Robert Lax: peacemaker's handbook/handbuch für friedensstifter. Hrsg. von Michael Daugherty, Zürich 2001, 84 und 90. Übersetzung: Peter Wild.

Leben als Herzenssache

Motto

Werner Lutz: Die Mauern sind unterwegs. Gedichte, Zürich 1996, 62.

23 Gotama Buddha: Mein Weg zum Erwachen. Eine Autobiographie. Auf der Grundlage des Pali-Kanons herausgegeben und gestaltet von Detlef Kantowsky und Ekkehard Saß, Zürich/Düsseldorf 1996, 32–33.

24 Thich Nhat Hanh: Das Wunder der Achtsamkeit. Einführung in die Meditation, Zürich 1988, 32–33.

25 Thich Nhat Hanh: Das Herz von Buddhas Lehre. Leiden verwandeln – Die Praxis des glücklichen Lebens, Freiburg i. Br. 1999, 85.

26 Franz von Assisi: Geliebte Armut. Texte vom und über den Poverello. Ausgewählt und eingeleitet von Gertrude und Thomas Sartory, Freiburg i. Br. 1977, 93.

27 Philippe Jaccottet: Der Spaziergang unter den Bäumen, Zürich/Köln 1981, 32.

28 Philippe Jaccottet: Der Spaziergang unter den Bäumen, Zürich/Köln 1981, 109–110.

29 Tarthang Tulku: Selbstheilung durch Entspannung, Bern/München 1983, 26–27.

Im Schritttempo

Motto

Karlheinz A. Geißler: Zeit – verweile doch ... Lebensformen gegen die Hast, Freiburg i. Br. 2004, 256.

30 Gerhard Stenzel (Hrsg.): Die deutschen Romantiker. Bd. 1. Das Bergland-Buch, Salzburg 1954, 862.

31 Karlheinz A. Geißler: Zeit – verweile doch ... Lebensformen gegen die Hast, Freiburg i. Br. 2004, 252.

32 Werner Lutz: Die Mauern sind unterwegs. Gedichte, Zürich 1996, 30.

33 Werner Lutz: Die Mauern sind unterwegs. Gedichte, Zürich 1996, 31.

Huhn oder Ei? Verlangsamen oder vertrauen?

Motto

Werner Lutz: Die Mauern sind unterwegs. Gedichte, Zürich 1996, 55.

34 Matthäusevangelium 6,25–27

35 Lukasevangelium 12,15–20

36 Markusevangelium 4,26–29

37 Lukasevangelium 7,31–35

38 »Wenn ich durch Gottes Kraft die bösen Geister austreibe, so könnt ihr

daran sehen, dass Gott schon angefangen hat, mitten unter euch seine Herrschaft aufzurichten.« Lukasevangelium 11,20
39 Lukasevangelium 7,6–10
40 Markusevangelium 4,25; Lukasevangelium 8,18; 19,26; Matthäusevangelium 25,29

Abendkostbarkeiten

Motto
Kurt Guggenheim: Die Wahrheit unter dem Fließblatt, Zürich/Stuttgart 1960, 17.
41 Karlheinz A. Geißler: Zeit – verweile doch ... Lebensformen gegen die Hast, Freiburg i. Br. 2004, 100.
42 Wolfgang Hildesheimer: Lieblose Legenden, Frankfurt a. M. 1972, 21–34.
43 Wolfgang Hildesheimer: Lieblose Legenden, Frankfurt a. M. 1972, 21.
44 Kurt Guggenheim: Die Wahrheit unter dem Fließblatt, Zürich/Stuttgart 1960, 57.
45 Kurt Guggenheim: Die Wahrheit unter dem Fließblatt, Zürich/Stuttgart 1960, 46.
46 Thich Nhat Hanh: Das Wunder der Achtsamkeit. Einführung in die Meditation, Zürich 1988, 19–20.
47 Georg Büchner: Werke und Briefe. München 1972, 110.
48 Roberto Juarroz: Dreizehnte Vertikale Poesie. Gedichte, Salzburg/Wien 1997, 70.
49 Werner Lutz: Nelkenduftferkel. Gedichte. Frauenfeld 1999, 9. Bodoni Druck 41.

Leseempfehlungen

Gerold Baier: Rhythmus. Tanz in Körper und Gehirn, Reinbek b. Hamburg 2001.

Monika Dorothea Brunst: Ich treff mich heute mit mir selbst. Vier Wochen für ein sinnenvolles Leben, Ostfildern 2005.

Manfred Folkers: Gib deiner Zeit mehr Leben. Entschleunigung als Weg zum Glück, Freiburg i. Br. 2005.

Russell G. Foster/Leon Kreitzman: Rhythms of Life. The Biological Clocks that Control the Daily Lives of Every Living Thing, London 2004.

Karlheinz A. Geißler: Zeit – verweile doch ... Lebensformen gegen die Hast, Freiburg i. Br. 2000.

Matthias Krieg (Hrsg.): Lebenskunst-Stücke für jeden Tag, Eschbach 1999.

Péter Nádas: Der eigene Tod, Göttingen 2002.

Sten Nadolny: Die Entdeckung der Langsamkeit. Roman, München 1987.

Brigitte Röthlein: Anleitung zur Langsamkeit. Ruhiger und glücklicher leben, München 2004.

Peter Wild: Meditation hilft heilen. Der Übungsweg des Herzens, Petersberg 2004.